华夏智库·新经济丛书

佛山市业臻设备有限公司
广州市佳达集团有限公司
广州市绿叶居食品有限公司

合作伙伴

企业家领导力

QIYEJIA LINGDAOLI

谭智颖◎编著

经济管理出版社
ECONOMY & MANAGEMENT PUBLISHING HOUSE

图书在版编目（CIP）数据

企业家领导力/谭智颖编著 . —北京：经济管理出版社，2018. 8
ISBN 978-7-5096-5928-1

Ⅰ . ①企… Ⅱ . ①谭… Ⅲ . ①企业领导学 Ⅳ . ①F272. 91

中国版本图书馆 CIP 数据核字（2018）第 179872 号

组稿编辑：丁慧敏
责任编辑：丁慧敏　张广花
责任印制：黄章平
责任校对：陈　颖

出版发行：经济管理出版社
　　　　　（北京市海淀区北蜂窝 8 号中雅大厦 A 座 11 层　100038）
网　　址：www. E-mp. com. cn
电　　话：(010) 51915602
印　　刷：三河市延风印装有限公司
经　　销：新华书店
开　　本：720mm×1000mm/16
印　　张：14. 75
字　　数：188 千字
版　　次：2018 年 9 月第 1 版　2018 年 9 月第 1 次印刷
书　　号：ISBN 978-7-5096-5928-1
定　　价：45. 00 元

谨此纪念

改革开放 40 周年

1978~2018 年

前　言

知古不知今，谓之陆沉；

知今不知古，谓之盲瞽。

——汉·王充《论衡·谢短》

一

2011 年秋，是本人第一个博士课程的开学季节。课程开始之后，就要考虑自己论文的研究课题选择。经过了几次课题更换后，最终确定了以领导力作为研究方向，以企业家作为研究对象。有时候偶然也会成为必然。这一无意间的决定也影响了第二篇博士论文的研究课题选择和现时《企业家领导力》这本书的诞生，以及今后的课题研究方向，所以本书可以说是我的博士论文研究课题的延续。

在第一篇博士论文的写作过程中，随着对领导力理论和企业家这个阶层认识的加深，继而产生了一些疑问：什么是企业家？企业家是在什么时候产生的？企业家对企业和经济的影响是什么？什么是领导力？中西方关于领导力理论的研究结果如何？西方领导力理论在中国的应用情况如何？为什么史料上一般记载的是农民起义，而不是商人起义？除此之外，还产生一个巨大的疑问。在人类漫长的发展过程中所诞生的世界四大文明古国中，中国文明历经五千多年至今从未消失过，是世界史上唯一的文明没有中断过的国家。因此，中国的商业文明应该同样是一部璀璨光辉的发展史，但令人疑惑的是为什么中国至今没有一家千年老店？而日本的历史不如中国久远，文化都是由中国传过去的，却有一间当今世界上历史最悠久的企业金刚组，这家专营寺庙建筑的公司创建于公元 578 年（日本的飞鸟时代），相当于我国南北朝时期，距今已有 1440 多年的历史。而我国在 2500 多年前的春秋战国时期，已经不乏范蠡、子贡、吕不韦等这样的富商巨贾了。

"好书读得越多越让人感到无知！"随着阅读资料的增多，会发现自己了解得越少，疑问也越多。这些不断产生的疑问更增加了我对中国企业家群体进一步探索的好奇心。虽然有诸多疑问，但是论文与一本能适合普罗大众的书在写作方式上是有所区别的。通俗地理解，对于问题的研究，论文的研究课题选择只能聚焦于一个"点"上，而不是在大而全的"面"上。因为论文不能满足我想表达的内容，于是 3 年前我就萌发了这样的念头，想写一本关于中国企业家领导力的书，让人们了解企业家在中国商业发展史各个时期的生态状况、企业家的发展历程和他们的经商之道、企业家与政府的关系，以及适合中国的企业家领导力模型。但是，这些内容除了领导力理论原有论文的资料基础外，其他部分都需要查阅资料，等于要学习一遍中国历史，特别是经济史，甚至还有西方的经济史，还要构建企业家领导力模型。知识面涉及通古知今，这无疑是一项工作量巨大的创作，挑战性不亚于写一篇博士论文。

然而，将梦想变成现实的渴望再次驱使我毅然决定用行动去拥抱梦想，并且没有丝毫的犹豫，这或许是性格所致。

人生最靠谱的希望就是将希望寄托于自己的意志和行动上，才一切皆有可能！

心意已决，便乘兴动笔，洒墨挥毫，但无奈当时第一个博士学位的课程还未毕业，而且第二个博士学位的课程刚开始，也正为论文的写作而夙兴夜寐，所以只能利用间隙时间断断续续地进行。直到去年第二个博士学位的课程完成后，才能心无旁骛地继续奋笔疾书。

二

根据史料记载，3000多年前商族部落首领王亥到其他部落进行以物易物的交易活动，从此开启了中国商业文明的发展史。在中国几千年的历史演变过程中，商人对经济与社会的发展具有不可磨灭的贡献，直到今天纵横捭阖的企业家们亦如是。但商人阶层在历史上一直都只是历史的参与者，不是主宰者，历来受到"重农抑商"政策的影响，社会地位低下，并被冠以"无奸不成商"的恶名，在政权更迭、社会动荡之际，更容易成为首当其冲的受害者。因此，每一个朝代的政策对商人的生存与发展起着决定性的作用。物转星移，2018年是改革开放40周年，中国企业家在这波澜壮阔的大时代如万物逢春，再次茁壮成长，并推动中国经济在短短的30多年里就发展成为全球第二大经济体，在世界经济发展史上创造了奇迹。今年是改革开放的"不惑之年"，经过40年的沉淀与积累，中国国力已今非昔比，国富民强。在迈向中华民族伟大复兴的道路上，企业家们具有更广阔的天地去施展自己的才华，应更加满怀自信地去实现自己的创业梦想。

企业家不仅决定了企业的生存与发展，而且对社会的经济发展起到了促进作用。企业家领导力影响了他们对企业和社会作用的发挥。因此，本书的主要目的是让人们了解企业家在中国商业文明发展过程中的生态状况和新时代下企业家领导力需要具备的要素，并从中探索中西方领导力理论的发展状况，积极借鉴西方成功理论，从而建立适合中国企业家的领导力模型。本书定义了企业家的概念；概括了各个历史时期中国企业家的生态环境，以及他们的经商之道；阐述了中西方领导力理论的实践情况；分析了新时代下企业家领导力应该具备哪些要素才能使企业家获得竞争优势。本书的内容构成主要分为五章，分别介绍了"企业家"的定义诠释与发展历史、历史上中国企业家的生态环境、政商关系的"楚河汉界"、历史上的中国企业家典范、企业家领导力。以上章节内容主要围绕以下问题展开论述：什么是企业家？企业家是怎样产生的？各个历史时期的企业家概况和他们的社会地位是怎样的？政府与工商业的关系是怎样的？企业家如何处理与政府的关系？中国历史上的企业家代表人物有哪些？他们的经商之道是什么？如何理解企业家精神？什么是领导力？领导力理论在中国的应用情况如何？什么是企业家领导力？企业家领导力模型是什么？

此书从历史的角度客观地展现了中国企业家的发展历程，揭示了政商关系在中国几千年演变史上的本质规律，并为建立新时代的企业家领导力模型提出了建议。

三

本书能让读者较全面地了解中国企业家发展史的概况，以及认识适合中国国情的企业家领导力模型。本书运用了引用历史资料、提出观点、结合案例分析的方法，具有通俗易懂的特点。

本书的贡献之处是对企业家的定义和起源提出了新的观点，明确界定了企业家、企业家精神和企业家领导力的区别，结合中国国情构建了企业家领导力三角模型。

以史为镜可以知兴替，以人为镜可以明得失！

本书适合想了解中国企业家发展史、企业家领导力的人士阅读。

目　录

第一章

"企业家"的定义诠释与发展历史

　　"企业家"这一概念自从出现之后就不断地被探索研究。随着社会的发展，关于"企业家"定义内涵的诠释也日益丰富。这主要是因为企业家具有不可替代的贡献。企业家无论是对社会的经济贡献还是对企业的兴衰成败都是一个关键的决定因素。作为社会中的一个经商群体，企业家在中国几千年漫长的历史演变过程中，是如何产生与发展的？这一群体在商业文明的历史长河中又扮演着什么角色？起着什么作用？我们首先沿着商业文明的历史足迹追根溯源，去寻找这些问题的答案。

一、什么是企业家

企业家群体已经成为了一个重要的研究领域，因此我们有必要对"企业家"一词的出现以及企业家的特征、分类、定义等进行梳理。

1. "企业家"是重要的研究领域

企业家对社会有着巨大的影响力，对企业的兴衰成败也有决定性的作用。纵观古今中外，企业家无论是在社会发展，还是经济贡献，甚至是在政治方面都存在着方方面面的影响，而且这种影响在当今日趋明显。威廉·鲍莫尔（2010）认为，企业家的功能是产量和生产效率增长过程中必不可少的部分。如果忽视企业家，我们将无法对历史上的经济增长做出充分的解释。我们可以从以下数据来分析企业家对经济的贡献。

根据中华人民共和国国家工商行政管理总局公布的信息，在"大众创业、万众创新""商事制度改革"和"多证合一"等有利政策措施的激励下，2017 年上半年，全国新登记市场主体 887 万户，同比增长 13.2%，平均每天新设 4.9 万户；新登记企业 291.1 万户，同比增长 11.1%，平均每天新设 1.6 万户；新登记个体工商户 580.9 万户，同比增长 14.8%，增长速度明显提升。目前中国中小企业占全国企业总数的 99.8% 以上，中小企业创造的最终产品和服务价值占国内生产总值的 60% 左右，上缴税收约为国家税收总额的 50%，提供了 75% 以上的城镇就业岗位。中国 65% 的专利、75% 以上的技术创新、80% 以上的新产品开发是由中小企业完成的。

企业家的贡献不仅体现在经济层面上，还体现在人们的日常生活中，如汽车、火车和飞机的发明及其行业的发展，这些方便了人们的出行，与企业家在技术上的创新息息相关的电脑和互联网的发展也对人们的工作和日常生活具有重要影响。因此，企业家的积极创新对提高人们的生活质量产生正面的影响。企业家对于企业的绩效和发展也是一个决定性的影响因素。企业家的影响因素体现在个人特征上，如年龄、教育水平、经验、社交能力、财务状况、实操技能、家庭历史、性别等方面。

基于以上对企业家影响力的描述，因此，"企业家"成为一个具有吸引力的、重要的研究领域。

2. "企业家"一词的出现

"企业家"一词最早是在什么时候和最先在哪里出现的呢？关于"企业家"（Entrepreneur）一词最先在哪里出现的问题，人们普遍认同它是源自于法语。到目前为止，对于这一观点还没有出现异议。但至于最早是在什么时候出现的，人们对此却有着不同的观点。一种说法认为是出现在17世纪，如约翰内斯·伦格尔等；另外一种观点认为是出现在18世纪初期（相当于中国的清朝），如布罗代尔等。到底哪一个时期是正确的？还有待进一步考证。无论这一词是出现在17世纪还是18世纪，可以肯定的是这一时期正值法国掀起了资产阶级革命浪潮，推动了资本主义的发展，同时也为企业家创造了有利的成长环境。

"企业家"在法语中最初的原意是指挥军事行动的人。后来这一概念的解释随着社会的发展而发生了演变。到了18世纪，法国社会科学家理查德·坎蒂隆是第一个在经济学著作中使用"Entrepreneur"一词的人，他将"企业家"定义为从一个地方以一定的价格购买商品，然后以不稳定的价格销售出去的人。1800 年，法国经济学家萨伊描述企业家是将经济资源从一个生产力较低的领域转移到一个生产力较高和产能较大的领域。企业家是冒险家，是把土地、劳动、资本这三个生产要素结合在一起进行活动的第四个生产要素，他承担着可能破产的风险。换言之，企业家是通过开拓性去改变一些方式而创造价值，如在技术、价格、原材料或地理位置方面。因此，企业家就是通过创新活动去寻找商机。美国经济学家约瑟夫·熊彼特认为企业家是通过创新实现生产要素重新组合的人。约翰内斯·伦格尔认为，企业家是与政府建立契约关系以规范商品和服务供给标准的群体，契约制定的价格是固定的，企业家一方面要承担交易损失的风险，另一方面可获得交易收益（戴维·兰德斯、乔尔·莫克和威廉·鲍莫尔，2016，第 15 页）。还有学者将"企业家"定义为一个伴随不稳定回报而自雇的人；一个领导者、资源管理者和创新者；一个组织和管理一个以利润为目的而承担风险的企业的人；一个能够创立和经营一个具有创新的商业、以任务为导向和具有魅力的人。戴维·兰德斯、乔尔·莫克和威廉·鲍莫尔（2016）认为，企业家就是那些能够敏锐洞察机会而主动从事某项经济活动以增加自身财富、权力或声望的人。以上西方学者们对企业家的定义主要是从"是谁"和"做什么"两方面来阐释。

在中国，"企业家"这一词第一次出现是在 1988 年举行的首届全国优秀企业家评选活动中。由于历史的原因，有关"企业家"定义的参考文献是在 20 世纪 90 年代后才开始较多地出现，之前可谓极其稀少，或者甚至可以说当时根本就没有。进入 2000 年之后，随着社会对企业家的关注度增加，关于企业家的新闻和相关研究文献资料也随之增多。国内对企业家的定义存在着一种具有代表性的观点，认为企业家是在工业革命后出现的，是以经营盈利性企业为目的、承担财务风险并专职从事企业运营的组织者和领导者。张维迎和盛斌（2014）在他们的著作《企业家》中定义，企业家是按照盈利原则把生产要素组织起来从事经济活动的人。他们还阐述了企业家的两个基本功能：一是发现不均衡，企业家发现经济中赚取经济利润的机会，通过盈利机会的利用，纠正市场的不均衡，使资源得到更好的配置；二是创造不均衡，企业家通过创造新产品、新技术，打破原来的均衡，找到新的市场。目前全球最大的专业住宅开发商深圳万科集团的创始人王石在自传《大道当然》中认为，一个社会总是有一些传统、规范和模式，而认识到这些模式存在的问题，重新组织要素，并为社会创造价值，这就是企业家。丁栋虹（2015）定义企业家是参与企业组织和管理的具有企业家精神的人。

3. 企业家的共同目的和显著特征

根据以上论述，无论是从角色还是从行为上来解释企业家，他们都有着共同的目的和显著的特征。企业家的共同目的就是获取盈利，通过商品买卖来赚取经济利润。他们的显著特征是指企业家这个群体所拥有的独特综合才能和活动。企业家的特征具体表现为敢于冒险、承担风险、锐意进取、内部控制、有自主性、创新、创造力、自信、现实性、坚强的毅力、时间管理、接受批评、心胸豁达、目标性强等。总的来说，在企业家的重要显著特征中，比较突出的关键要素有冒险、创新和承担风险。

冒险是企业家的首要显著特征，也是企业家必须具备的基本素质之一。为了实现盈利的目的，他们不怕风险，敢为人先，凭着勇气、胆色和先知先觉去开拓未知的商业领域。这种冒险不仅存在盈利的机会和亏损的风险，甚至是破产的命运，而且同时存在政治方面的风险。从历史上看，政治上的风险会比经济上的风险更大、更难预测和规避，更多情况下企业家遭遇到的不仅是破财的境况，而且是搭上身家性命的厄运。

创新也是企业家的重要特征。创新是指要具有能够综合运用已有的知识、信息、技能和方法，提出新方法、新观点的思维能力和进行发明创造、变革的意志、信心、勇气和智慧。创新精神是一种勇于抛弃旧思想旧事物、创立新思想新事物的精神。创新是企业长盛不衰的法宝，企业文化只有把创新的基因置入到员工当中去，才是真正能够让企业长盛不衰的企业文化。关于企业家在创新方面的描述，美国经济学家约瑟夫·熊皮特在1911年出版的《经济发展理论》一书中，首次提出企业家的一个显著功能就是"创新"。这种创新分为五类：一是采用一种新产品或一种产品的新特征；二是采用一种新的生产方法；三是开辟一个新市场；四是掠取或控制原材料或半制成品的一种新的供应来源；五是实现任何一种工业的新的组织。这五种创新可归纳为产品创新、技术创新、市场创新、资源配置创新、组织创新。也可以进一步缩减为三类，即1~2项为技术创新、3~4项为市场创新、最后一项为管理创新。被称为"现代管理学之父"的彼得·德鲁克（2009）认为创新是企业家特有的工具。约瑟夫·熊皮特和彼得·德鲁克的观点都主张创新是衡量企业家的唯一标准。他们认为，即使过去是企业家，如果没有不断的创新，也不可能总是企业家。这个意思也是指所有企业的领导者不一定永远都是企业家。

另外，从获得客户的角度来分析创新，张维迎和盛斌（2014）将企业家区分成三类：第一类企业家能够看到消费者自己都不能明白的需求，这是创造需求的企业家，是最伟大的企业家，如美国苹果公司联合创始人史蒂夫·乔布斯通过创新引领全球资讯科技和电子产品的潮流，深刻地改变了现代的通信、娱乐和生活方式；马云创建了目前中国最大的电子商务平台阿里巴巴，颠覆了传统的销售模式。第二类企业家满足现在市场上已经表现出来的需求。第三类企业家按订单生产，技术规格都是别人规定的，保质保量生产出来就行，如OEM类的代工贴牌生产方式。

承担风险是企业家承担责任的一种本质体现，特别是承担财务方面的风险。对于企业家从事商业活动所产生的结果，由于投入的资金构成比例不同，所以企业家相应要承担的风险责任也是有所区别的。因此，根据企业家投入商业活动的资金构成比例和相应要承担的风险责任，可以划分为三类：第一类是投入全部自有资金，企业家要承担全部风险；第二类是投入部分自有资金，如合股经营和上市公司，企业家要承担部分风险，包括财务风险；第三类是没有投入自有资金，也不是股东，如职业经理人或企业属于国企，他们只承担相应的职位责任，不承担财务风险，即使是企业亏损，甚至是破产，他们都无须像第一类和第二类企业家那样去承担相应的直接经济责任风险。第三类企业家符合约瑟夫·熊彼特的观点，即"企业家从来不是风险承担者……如果事业失败了，面临悲境的将是提供资金的人"。熊彼特观点下的企业家与第一类和第二类企业家群体有着本质上的区别，不能算是真正意义上的企业家，只能称作职业型企业家。第一类和第二类企业家在企业经营不善或破产的情况下，不仅要承担财务风险，甚至在不堪压力的情况下出现跑路或自杀行为。第三类企业家出现更多的是滥用职权、损公肥私和贪污等职务犯罪现象，如果这类企业家因为企业经营不善而出现有人跑路或自杀行为，那确实是一件罕见的事，新闻上报道最多的是因为贪污而入狱或跑路的事件。

4. 威廉·鲍莫尔对企业家的分类

除了以上阐述的企业家在定义上存在着不同的观点和企业家的冒险、创新和承担风险等显著的特征之外，有学者还将企业家进行了分门别类。威廉·鲍莫尔就是其中的一个典型。

威廉·鲍莫尔（2010）对企业家进行了分类：①创新型企业家，把企业家理解为那些从事创新活动的个人，创新活动包括新的生产技术、新产品、新的营销手段和新的商业组织形式。②模仿型企业家是指那些把技术或者其他创新思想或生产过程从一个企业或地区扩散到另一个企业或地区的人，简而言之就是模仿别人。③非生产型企业家是指企业家的活动对真实的经济产出可能没有任何贡献。相对非生产型企业家而言，生产型企业家的活动是对经济的净产出或者生产额外产出能力有直接或间接贡献的活动。④寻租型企业家，是指以寻求一个经济体中当前的或潜在的部分垄断利润为目的的活动，例如，通过法律、政策和监管部门采取对他有利的干预，行业垄断或红顶商人就是最好的说明，还有发放高利贷，甚至是通过暴力（包括战争）掠夺他人财产而发家致富的行为。这种活动不会给经济产量或生产率带来任何好处，反而会起到阻碍作用。寻租是一种利用资源为某些人或利益集团牟取利益，并给社会带来负价值的活动。

5. 对企业家有不同理解的原因

对企业家的理解存在不同的观点，缺乏共识，产生的原因具有多样性，包括不同的国家或地区具有不同的社会经济模式，不同的历史、文化和意识形态等因素。法语中对企业家的解释是敢于承担一切风险和责任而开创并领导一项事业的人。英语系国家认为，企业家是创办自己全新小型企业的人。在德语中，企业家的意思是指同时拥有并自己经营企业的人，强调对企业拥有所有权。

对于以上观点，彼得·德鲁克认为，并不是每一个新办企业都是企业家行为，一对夫妇开一家新的小食店算不上是企业家，而麦当劳将产品和操作流程标准化，设计工具，并依据标准培训员工，开创新市场和新客户，这些所表现出来的具有创新精神的活动是企业家行为。彼得·德鲁克不赞同企业家一定要对企业拥有所有权，如身为企业家的银行家，他们的任务是通过调动别人的资金到生产力较高以及产出较多的领域来盈利。甚至他认为，企业家精神不仅局限于经济性机构中，非营利机构和政府部门都可以具有。彼得·德鲁克认为企业家与一些因素无关，例如，企业家（或企业家精神）与企业的成立时间和规模，甚至性质无关。不论企业是什么时候创立的，不论规模大小，不论是企业、非营利性机构还是政府。又如，企业家（或企业家精神）与所有权无关。无论是企业股东，还是职业经理人和普通员工，都可以成为企业家。再如，企业家（或企业家精神）与人格特征无关。

6. 对企业家定义的归纳总结

结合之前有关学者的研究成果，我们对企业家的定义进行归纳总结。首先，从企业家在公司所处的位置来看，企业家是一个混合的角色，具体表现为一个老板、创始人、投资者、创新者、领导者、经理人、稳健的冒险者、成功者、典范的先驱者和远见者；其次，从企业家的行为表现上来看，他们通过追寻机遇、创立新事业、获取资源、建立业务运作、创造利润和承担风险，而最终获取利润是企业家的共同目标，也是企业生存的必要前提条件。最后，我们定义企业家是一个通过投资、组织和管理以追求盈利为目的的企业，并承担经营管理风险的人。如果根据企业家的基本特征来看，只要具有冒险、创新、承担风险的职能，无论他们所在的企业规模大小或从事的经济活动与项目大小，都可以被认为是企业家。

二、中国企业家的起源

企业家这样一个在社会中举足轻重的经商群体，在中国漫长的几千年历史演变过程中是如何产生与发展的？我们首先沿着商业文明的历史足迹追根溯源，去寻找答案。

1. 最初的商贸方式——"以物易物"

根据文献资料的叙述，中国商业文明的起源，最早可追溯到 4000 多年前在黄河流域居住的一个被称为商族的古老部落，他们的后人善于做生意。

根据史书《尚书·大传》记载，商朝的祖先王亥在夏朝的时候，就已开始到其他部落用自己的物品来换取别人的物品，进行以物易物的交易活动。"以物易物"是人类社会在使用货币进行买卖之前，根据各自需求而开始的最原始的贸易方式。这种方式是人类商业文明的起始方式，是实现各取所需的最早方式，也是人类最早的销售行为方式。但在当时的环境下，"以物易物"的方式不一定是一场完全的等价交换贸易。

商族到了商汤时期，灭了夏朝，建立了商朝。商朝建立后，商族人开始从事农业生产，其手工业也相当发达，商业也逐渐开始分化出来，成为了独立的行业。商业得到了进一步的发展，在手工业发达的地方商品也出现了集中交换，如河南省的安阳、汲县等地。随着商品交换的发展，产生了一批以从事交换而不从事生产来谋利的群体。由于有利可图，从事这项活动的人越来越多，所以在商朝的时候就形成了爱做买卖的风气，锻炼了商朝人的经商能力，也是日后商朝人被称赞善于经商的原因。

朝代更迭，公元前 1066 年，商朝被周朝灭了，周武王建立了西周王朝，商朝历经 600 多年后被推翻。商族人的命运也由统治者变成被统治者，社会地位发生了逆向转变，一落千丈。为了解决商朝遗民的生计和社会需求，周朝统治者允许商朝遗民利用他们的专长从事商品买卖。商族人为了生计而从事买卖生意，后被习惯性地称为"商人"。其他部落的人们见商人这样干能获取厚利，也慢慢向他们学习，像商人那样干起了这种营生，但由于人们的观念已经形成，即使是其他部落从事这门职业的人，也被称为"商人"，久而久之，"商人"就成了生意人的统称，把经商这种职业称为"商业"，卖东西的店铺称为"商店"。这些称呼一直延续到现在。

因此，"商人"是从商朝时期"商族人"这个词演变而来的。虽然随着历史的发展，后来做买卖的人已不再以商族人为主体，但人们仍习惯把做商品买卖的人通称为"商人"，并且一直沿用至今。这是企业家在中国最早的称谓来源，所以商族人算得上是中国商业文明的开创者，而商族人的祖先王亥也称得上是现代商人的始祖。

从以上史料可以看出，中国早期的商业活动是通过非经常性的以物易物的原始简单方式在部落之间和部落内部进行，最早从事贸易的人是掌握着部落大权的统治者，而且商业活动范围仅仅局限于贵族阶层中。因此，最初的商人是从统治者阶层中产生的，他们的社会地位属于社会的贵族阶层，证明了商人的社会地位并不是一开始就是低下的。中国最初的商业活动通过"以物易物"的方式开启了中国的商业发展史。

集市、货币和度量衡等的出现也是与"以物易物"相伴共生的必然产物。因为商品交易需要地方，集市的出现不仅为商品交易提供了便利，而且有利于推动商品经济的发展。贝是中国最早的货币，商朝以贝作为货币。商朝人们开始用铜仿制海贝。铜币的出现，是中国古代货币史上由自然货币向人工货币的一次重大演变。公元前350年，秦国统一了度量衡。

反观西方的商业文明发展史，在西方的经济史中，英国经济学家亚当·斯密论述了"以物易物"的方式推动了古代贸易的发展。这种贸易方式也是西方商业文明的起始方式。戴维·兰德斯、乔尔·莫克和威廉·鲍莫尔认为商品交易的行为最初是从氏族部落首领开始的。随着商业文明的发展，一些商业惯例和技术，如货币、统一度量衡、测算工具、账目管理和编制年度报表等，在公元前 3000 年近东（地中海东部沿岸地区）青铜器时代的神庙和宫廷中已经产生。相比之下，近东这一地区的货币出现和统一度量衡的时间要比中国早 2000 多年。这些西方商业文明的贸易方式和行为的开始与中国商业起源时的状况如出一辙。只不过由于人类文明在诞生的时间和地区不一样，所以才导致了中国的商业发展史与其他文明在时间和发展历程上不一样。根据中西方商业文明诞生的模式，简而言之，原始社会是人类商业文明起源的时期，也是"企业"起源的萌芽期，"以物易物"的商品交换模式是商业文明最原始的贸易方式，而最早从事商品交易的群体是部落首领，他们也就是最早的商人阶层。

2. 中国商业史上对"商人"的称谓

在中国商业发展史上，除了将做买卖的人统称作"商人"外，每个历史时期也有其他称谓。古人也将做生意的人称作"商贾"，但两者是有所分别的。人们把做贩运商品贸易的人叫作"商"，也就是批发商，如驮着货物穿州过省、行走于山岭间的马帮；坐着销售货物的人叫作"贾"，即所谓"行曰商处曰贾"，实际就是零销商。

另外在商品买卖活动中还有对一些具体角色的称呼，如把古代雇主称呼为东家，店主俗称为掌柜。在近代史上开始出现对商人的新称谓是"资本家"。但在 1949 年之后，中国开始实行将企业从"公私合营"到 1957 年彻底全部"公有化"的措施，工商业全部属于国家所有，私营企业则基本消失。之前曾经出现过的对商人的称谓也随之消失。直到 1978 年改革开放以后，私营经济在中国商业史上又一次重获生机，重新出现。1988 年立法明确私有制企业合法化，商人合法化身份才重新出现。也就是说从 1957 年全面实行工商业"公有化"到 1978 年的这段时期，从严格意义上讲，商人或资本家自然就不存在了，而这个时期工厂企业的负责人有一个称呼叫作"厂长"或"经理"。

改革开放后，把先富裕起来的一个群体叫作"个体户"和家庭年收入在 1 万元以上的群体称为"万元户"，他们是中国改革开放后企业家的先行者。在中国商业发展史上，商人开始正式被政府和媒体称为"企业家"是在 1988 年 4 月 2 日，首届全国优秀企业家评选揭晓，来自各省 20 位因为承包制而出名的厂长、经理由原国家经济委员会授予这个荣誉称号。这些企业的性质都是国有或集体企业。按照我们对企业家的定义来看，这些国有或集体企业的负责人不是真正的企业家。2017 年 9 月 25 日，国家出台的《中共中央国务院关于营造企业家健康成长环境弘扬优秀企业家精神更好发挥企业家作用的意见》中第一次提到"国有企业家"这个称谓，算是给这类企业负责人一个正式的、新的命名。另外，现在人们也有将"企业家"俗称为"老板"。以上就是在中国几千年的历史演变过程中，商人在不同时期的称谓变化结果。

3. "企业家"产生的时间

"工业革命"在人类发展史上具有划时代的意义。工业革命是一场生产与科技革命。工业革命引起了生产组织形式的变化，机器代替了手工劳动，以大规模工厂化生产取代了个体工场手工生产，实现了从传统农业社会向现代工业社会的重要转变。第一次工业革命是 18 世纪 60 年代~19 世纪中期，人类开始进入"蒸汽时代"，正值中国清朝时期；第二次工业革命是 19 世纪下半叶~20 世纪初，人类开始进入"电气时代"。

在探讨"企业家"产生的时间与工业革命的关系上，目前国内有一种观点普遍认为企业家是在工业革命之后才产生的，而且是产生于第二次工业革命时期，时间是在 19 世纪中叶到清朝末年。张维迎和盛斌（2014）认为，企业家是工业社会的产物，是随着工业社会的产生而产生的，是与资本主义经济相伴而生的。他们描述了世界上最早的一批企业家诞生于 14～15 世纪的意大利，那时候的银行家、商人和工场主就是企业家的雏形。在经济、思想、观念的冲击下，大批贵族通过两种途径成为近代具有创新精神的企业家：一部分直接投资工业、商业、金融业；另一部分投身于改变农业经营方式之中。德国 19 世纪末的大企业家和资本巨头，多半是由容克贵族转化而来的。

王石（2014）提出第一代的中国"企业家"诞生于 19 世纪中叶的清朝，如胡雪岩、雷履泰等，这一时期也是第二次工业革命的开始。19 世纪末 20 世纪初，产生了新一代的企业家，如荣德生和张謇。他们除了经营自己的生意外，还怀着"实业救国"和"教育救国"的主张积极参与社会活动。

以上学者虽然认为企业家是在工业革命之后才产生的，但在他们的著作中并没有详细解释为什么持这一观点，这点令人感到遗憾。有观点认为中国古代的贸易流通业者只能或顶多被称作商人，工业革命前的手工业主也不能被称为企业家。辛亥革命是中国民族企业家崛起的元年。不管怎样，虽然学者们对于企业家产生的时期存在不同的看法，但对企业家属于商人的行列却没有异议。

西方学者对企业家的产生时间观点如下。根据彼得·德鲁克的观点，创新是定义企业家的唯一标准。他没有说明企业家产生的时间界限。迈克尔·赫德森认为，亚述学家现使用的"企业家"这一称谓是用来指代公元前第二个千年初期到埃吉贝家族和穆拉舒家族统治时期（相当于中国的春秋战国时期）亚述人和巴比伦人中出现的塔木卡"商人"，塔木卡商人发明了管理财产及为宫廷和军队供应补给品的新商业策略（戴维·兰德斯、乔尔·莫克和威廉·鲍莫尔，2016）。从这种观点可以看出，西方学者认为企业家的称谓来自于对商人的称呼，而且说明了企业家在工业革命前就已经产生了，这与上述中国学者的观点正好相反。

4. 企业家是商业文明的创造者

企业家是商业文明的创造者。人们对物品的需求产生了以物易物的商业交换行为，商业行为促进了商品市场的产生，商品市场的存在产生了从事商品交易的地方和从业人员，后来的货币、度量衡和账目管理等商业工具也随着商品交易的发展需要而产生。随着生产力的发展，商品的生产方式从原来的手工作坊到工业革命后机器代替手工生产，实现了手工作坊向机器化工厂生产的转变。机器化工厂的出现，标志着现代化企业的诞生。

人类的商业文明经历了从萌芽开始，由低级阶段向高级阶段不断发展的过程。在这个过程中，与商业活动有关的元素，如货币、交通工具、生产工具、生产方式、贸易方式等同样也经历了不断提升与完善的变化过程，货币从开始时使用的贝壳发展到今天使用的纸币，甚至支付方式也发生了变化，如汇票、网银、移动支付的出现；交通运输工具从早期主要使用马来运输货物的马帮到今天被汽车、火车和飞机所替代；生产工具由原来的手工操作转变为机器生产再到今天的智能机器人的应用；生产方式也从作坊式变成工厂式；贸易方式从原始时期的"以物易物"和局限于一定的区域内到今天的互联网和全球化。这些工商业元素随着人类的进步经历了一个漫长的演变过程。作为商业文明的创造者，企业家从开始时被称呼为商人到后来在不同的历史阶段称谓也有不同，虽然今天有一个官方的正式命名叫作企业家，但社会上依然存在着将从事生意的人统称为商人的习惯。

在人类漫长的历史进程中，无论与商业文明有关的元素和从事生意的人的称呼怎样变化，但商业追求市场需求和盈利的本质并没有因为时代的变迁而产生变化，而且冒险、创新和承担风险的特征对于商人来说也自始至终没有改变过。因此，商业文明从诞生之时的形式虽然随着历史的演变而从低级向高级发生变化，但其本质并没有变，并且商业从诞生至今没有中断过，具有明显的延续性。文献上也没有存在商业是在工业革命之后才产生的说法，只不过是将工业革命定义为一场生产与科技的革命，是社会发展过程中出现的一场技术革命。以此逻辑推理，当商业产生的时候，商人也就随之相伴而生了，既然商人是企业家的最早称谓，而且大家都认同企业家属于商人行列，也就是说企业家也是随着商业的诞生而产生的，并不是在工业革命之后才产生的，只不过对他们的称呼在不同的历史阶段有所不同，只是在商业文明的发展过程中面临不同的经营环境而已。工业革命只不过是在这个过程中企业家所遇到的一场具有划时代意义的生产和技术革命罢了。这一观点与有的西方学者的意见是一致的。戴维·兰德斯认为工业革命是企业家精神史上近期才产生的现象，也就是说工业革命只不过是在企业家精神发展过程中出现的其中一个现象，正如现时互联网对传统销售模式的影响一样，销售的本质和目的与3000多年前的情况相比，并没有改变，只不过是销售的方式改变了。

综上所述，在中西方商业发展史上，除了商业诞生的时间不一样外，诞生的模式是一样的，而且企业家也是随着商业的诞生而同时产生的，"企业家"与商业是相伴相生的关系。

第二章

历史上中国企业家的生态环境

任何事物的产生与发展，都是内因和外因相互作用的结果，除了自身因素外，外部环境条件是事物产生与发展的重要条件，有时甚至起决定性的作用。企业家的产生与发展同样受外部环境的影响，这些外部影响因素包括政府政策、法律法规、社会稳定状况、经济发展水平、商业工具的诞生、科学技术水平和人口等。事实上，仅仅靠天赋、素质及机遇不能造就企业家，更重要的是社会环境和条件。因此，我们有必要从各个历史时期的社会生态环境去洞悉企业家群体在中国几千年的商业文明演变过程中的生存情况。

一、各历史时期的企业家概况

环境对人的影响是至关重要的，在中国历史上，政权稳定、政府政策、法律法规、社会稳定状况、经济发展水平、商业工具的诞生、科学技术水平和人口等外部环境同样影响甚至决定着企业家的产生与发展。从中国古代的夏朝到现在的数千年历史无不证明了这一点。

1. 先秦时期

按照传统的观点，人类社会的正常演变过程是从原始社会到奴隶社会，然后从奴隶社会进入封建社会，再到资本主义社会、社会主义社会和共产主义社会。中国现时的主流观点也是如此。但中国历史上有无经历过奴隶社会的问题在史学界存在着争议，而且至今并未得出任何明确结论。因此，为避免争议，这里将秦国统一天下之前的夏朝（约公元前 2070～约前 1600 年）、商朝（约公元前 1600～约前 1046 年）、周朝（公元前 1046～前 256 年）和春秋战国时期（公元前 770～前 221 年）称为先秦时期，即秦统一六国前。因为秦朝在历史上是中国全面进入封建社会的标志，所以也以此作为时间分隔线。

在远古时代，"以物易物"便是最原始的交易方式，面对面地来获取商品或者食物，各取所需，互蒙其利。夏商时期，以物易物的交易方式进一步发展。夏朝确立了私有制，因而加强了人们对财产的占有欲。这一时期的农业产品产量和种类都增多了，农业、畜牧业和手工业的分工也比之前发达。

商朝时期，随着剩余产品的丰富、贝作为货币的出现、交通工具的改进和城市的出现，为商品的生产和流通创造了有利的发展条件。农业和手工业的进步促进了商品交换的发展，出现了许多牵着牛车和乘船从事长途贩运的商人。后来商业也从农业、畜牧业和手工业中分离出来成为独立的行业。因此也产生了一批专门通过从事各种商品买卖而获利的商贩，并且在利益驱使之下，越来越多的人加入这一群体，所以在商朝就形成了好经商的风气。商朝人善于经商也就成为了日后将从事商品买卖的人称为"商人"的缘由。商朝在我国历史上也被称作青铜器时代，当时发达的青铜冶炼业使用铜仿制海贝的青铜币、铜贝应运而生。铜贝不仅是我国最早的金属货币，也是世界上最早的金属货币。铜币的出现，是中国古代货币史上由自然货币向人工货币的一次重大演变。

在商朝已开始出现专业工匠，这种专业化分工到了周朝的时候更加成熟。周朝分为西周（公元前1046～前771年）与东周（公元前770～前256年）两个时期。西周成立初期，统治者认为农、工、商都是立国之本，所以不仅重视农业，而且对工商业采取了扶持政策，通过农业和工商业的综合发展来提高人们的物质生活水平。后来，周朝的统治者为了操控工商大权获利来维持政权稳定，对工商业的日常运作进行全面管理，实行了"工商食官"制度。对手工业、商业和从事商业的人员，官府都设立了专职官员进行管理。从业人员都由官府负责他们的衣食住行和日常管理，并按照官府要求从事商品生产和交易活动。在官府管制下，从事工商业人员的身份受到严格限制，不能与士大夫交往，不能改行，要在指定的地方聚居，买卖活动只能在市井里进行。周朝开始了中国商业发展史上的第一次由政府全面管理的官办性质的工商业阶段。换言之，在这种管制模式下的周朝是没有商人存在的。这种状况令刚处于萌芽起步阶段的商人在中国商业发展史上第一次被强制中断。

最早从事商品交易的是部落的统治者，初期的工商业活动只是为贵族阶层服务，交易范围具有局限性。到春秋时期，西周时期实行的"工商食官"制度受到冲击，原来对工商业的许多限制与束缚被逐渐解除，工商业活动服务的对象范围也扩大到民间，市场需求也随之增加。因此，原来许多从事工商业者被解放出来后形成了具有一定经济实力的商人群体，在有利的经商环境下，民间好经商之风再起。

东周分为春秋时期（公元前770~前476年。关于公元前476年，一种说法是公元前453年，另一种说法是公元前403年）和战国时期（公元前453~前221年），人们常将这两个时期合称为春秋战国时期。春秋时期，大小诸侯国都面临着弱肉强食的境况。因此，各国都希望通过发展经济来实现强国目的。于是统治者们纷纷将发展工商业作为首要目标，对工商业的发展给予支持。官府改善营商环境，采取轻赋薄税政策，重视商人利益，使商业活动出现了繁荣景象。在春秋后期，由于从事私营商业的人数大增，以至在人数上超越了官商群体而成为一个庞大的私营商人阶层。不仅如此，因为私营商人摆脱了官府的管控，所以在商业活动中比以往的商人拥有更大的自由空间。他们对商品买卖活动拥有自由决定权。这在中国商人发展史上具有里程碑意义。重商成为了春秋时期的一大特征。各国推行的一些政策对后来影响巨大。例如，齐国的国相管仲在推行重商政策时，把国民按职业划分成士（士兵、官员、贵族）、农（农民）、工（手工业者）、商（商人）四个阶层。这是中国历史上第一次按职业来划分社会阶层。这个职业排列顺序延续了2000多年，直到封建社会结束。管仲明确矿山资源为官府所拥有，擅自开采者会被判处死罪，绝不饶恕，左脚伸进去，砍左脚，右脚伸进去，砍右脚（见《管子·地数》）。他还把在西周时期已出现的有的诸侯国把盐铁经营收归国有的方式变成制度化来增加税收，作为维护政权的经济来源。盐铁为官府所有并控制其专营权，然后承包给商人经营。

到战国时期，商业的繁荣发展更是达到了鼎盛时期，原来以物易物的商品交易方式已不能满足市场需求，所以产生了钱币来帮助商品流通，如齐国、燕国和赵国的刀形钱币。这一时期的商业繁荣促使经商致富成为一股热潮，以致出现了史上记载的弃官、弃学和弃农从商的普遍现象。这一时期成功典范的代表人物有弃官从商、三掷千金的巨富范蠡，还有与范蠡齐名的白圭以及广为人知的孔子学生子贡。

春秋战国的商业繁荣盛况，可与当时思想和学术上呈现的诸子百家争鸣珠辉玉映。当时各种思想学术流派所取得的成就，与同时期的古希腊文明交相辉映。因此，这一时期在中国历史上是思想和文化最为辉煌灿烂和群星闪烁的时代。如果只从经济和文化的发展盛况来看，这一时期可与后来的文景之治和大唐盛世相提并论。春秋战国时期还有一独特现象，商人凭借雄厚的财力可以左右当时的经济发展，甚至能通过经济手段去控制统治者的决策，达到干预政治的目的。这种状况与当今西方的经济影响政治体制的模式相似。这种现象在中国历史上是唯一的。战国时期，统治者强调耕战、加强中央集权，于是出现了重农抑商的思想。商鞅在秦国实行变法时，首次提出"重农抑商"政策。

先秦时期，是人类商业文明诞生的初期。在这一时期，"以物易物"开启了人类最原始的商品交易方式。随着生产力的发展，行业的分工逐步形成，商业从农业、畜牧业和手工业中分离出来，专业化的分工也开始出现。统治者开始制定工商业管理制度。工商业活动的服务对象和商人群体也随着社会的发展而扩大。春秋战国时期有利的经商环境使工商业的发展出现了前所未有的繁荣景象。这一时期形成的一些制度对后来的中国历史影响深远，如四民分业、重农抑商政策、盐铁专卖制度等。

2. 封建社会

按传统史学观点，我国封建社会的开始时间是公元前 475 年的战国时期，而封建社会的大一统时间是在公元前 221 年。我们以公元前 221 年为起始时间，中国封建社会经历的朝代有秦朝、汉朝（西汉和东汉）、三国（魏、蜀、吴）、两晋（西晋和东晋）、南北朝（南朝包含刘宋、南齐、南梁、南陈四朝；北朝包含北魏、东魏、西魏、北齐和北周五朝）、隋朝、唐朝、五代十国（五代即后梁、后唐、后晋、后汉与后周；十国即前蜀、后蜀、南吴、南唐、吴越、闽、楚、南汉、南平也称荆南、北汉）、宋朝（北宋和南宋）、元朝、明朝、清朝。1840 年中国遭遇西方列强入侵，爆发了"鸦片战争"，中国开始丧失独立自主的地位，并开始沦为半殖民地半封建社会，即使封建社会还没有完全终结，但也标志着封建社会完整性的结束。以此为终点，中国封建社会经历了 2061 年。

公元前 221 年，秦国统一了六国（齐国、楚国、燕国、韩国、赵国、魏国），结束了自春秋战国以来的诸侯割据局面，成为中国历史上第一个多民族共融的中央集权制王朝，这就是秦朝（公元前 221~前 207 年）。国家的统一保障了市场的整体性，秦朝统一了全国的文字、货币和度量衡，修国道，进行土地制度改革，承认土地私有制，推行户籍制度。这些措施有利于国家管理和经济发展。其中户籍制度在 2000 多年后的今天仍作为人口登记制度使用。秦朝统一天下之后采取"上农除末，黔首是富"的基本国策，继续奉行原来的重农抑商政策，发展农业，让农民富裕起来；抑制商业，采取重征商税；在主要道路关卡收取高额的关税；对商人编商籍（类似工商登记）；若商人破产则将被收编为国家苦役。限制从事商业的人数，限制商人经营商品的范围，如除了独占山泽之利之外，还将盐铁专营扩大到粮食买卖和旅店经营的范围。原来秦国实行的每征服一国,就迫使商人离开故地,迁往他乡。在统一六国后,秦始皇将天下十二万富豪迁至咸阳,他们的财产大部分被没收。这些措施不仅严重地压缩了自由商人的生存空间,而且对他们而言是致命性的打击。迫迁富豪以集中严管的做法,在历史上秦始皇不是唯一有此举措的统治者,后来西汉的汉高祖刘邦、汉武帝刘彻下令"徙强宗大姓,不得族居",隋朝的隋炀帝杨广下令"徙天下富商大贾数万于东京",以及明太祖朱元璋先后三次把超过 20 万户的富户迁徙到凤阳和南京,以致"大家富民多以逾制失道亡其宗"。

汉朝(公元前 202~220 年)分为西汉和东汉两个时期。西汉建立时人口仅剩 1300 万,西汉末年人口应有 6300 万。东汉人口峰值达 6500 万。西汉初期,商人地位低下。汉高祖刘邦建立了王朝后,采取了比秦朝更为强硬的重农抑商政策,把十多万贵族后裔和富豪集中迁徙到关中严加监管,严禁商人穿丝绸的衣服和乘车骑马,并加重赋税。到汉武帝时,实行盐铁官营,由国家垄断经营,中央政府在盐、铁产地分别设置盐官和铁官进行管理,统一生产和统一销售,还增加了酒的专卖,但后来又取消了。还颁布了"算缗令"向商人和高利贷者征收财产税。如果商人有财产不申报或申报不实的,要被处罚到边疆戍边一年,另外还要没收其财产。又实行"告缗令",对违反"算缗令"的行为,官府对举报者奖励所没收违法商人财产的一半。此举虽然增加了政府收入,但商人受到沉重打击,工商业受到重挫。到汉文帝时期,采取休养生息,调整了经济政策,商人可以竞买爵位,扩大贸易经营范围,商人的地位才得以提高。汉朝出现了封建社会的第一个盛世——"文景之治",在经济、文化方面取得了显著成就。汉朝文化以儒家文化为代表的汉文化圈正式形成,华夏族自汉朝以后逐渐被称为汉族。科技成就有蔡伦改进了造纸术,还有张衡发明了地动仪、浑天仪等。西汉全国人口达 6000 余万,占当时世界的 1/3。汉朝的土地所有制与秦朝相同，土地私有，并可自由买卖。西汉时期，全国已有数个商业中心，如长安、洛阳、邯郸、江陵、吴、寿春、番禺、成都等。开通了长安到中亚的丝绸之路，丝绸之路成为东西方经济文化交流的桥梁。丝绸之路是当时世界最重要的商路。到东汉时期，中原地区商道线路发达，各地货物往来更加频繁。因而促进了政治的进步和经济的繁荣，出现了中国历史上有名的空前盛世。东汉基本是延续前朝的政制，工商业的发展并没有什么特殊的建树。但东汉之后的 400 年，却是中国史上陷入分崩离析的最长时期。这一时期经历了三国、西晋、东晋和南北朝，在整整 400 年里，中国都处于诸侯割据、政权动荡、战乱不断、百姓饱受战乱之苦、商业环境遭到肆意破坏的状态。在货币无法正常发行、全国性的统一大市场遭到破坏、商业集中的城市在战火之下遭遇到屡兴屡毁的情况下，导致工商业在这 400 年间受到严重冲击。

历经 400 年的分裂后，在 589 年，隋朝（581~618 年）重新统一了中国。这个王朝的寿命虽只有 37 年，但这个时期对商业的贡献是开挖了贯通南北的大运河，为日后的南北经济发展创造了有利条件。在经济措施上实行均田制并改定赋役，减轻农民生产压力。隋朝重新统一了"度量衡"，并改革货币，废除其他古币以及私人铸造的钱币，统一币制，改铸五铢钱，称"隋五铢"。在手工业方面，隋朝是中国瓷器生产技术的重要发展阶段，瓷器的发展也带动了经济的发展。隋朝通过丝绸之路和欧洲许多国家进行商业往来，中原的商品还远销西域和欧洲。当时的长安和洛阳不仅是全国政治经济中心，而且也是当时世界上罕见的商业繁华的国际大都市。隋朝的人口在公元 609 年达到的峰值约为 5032 万。

唐朝（618~907 年）是大一统王朝，享国 289 年，是中国最强盛的朝代之一。唐朝的人口数量在 755 年约达 8000 万。李渊建立唐朝后，废除了之前国家专营的盐、铁、酒等行业，但在安史之乱后，由于朝廷出现财政困难，又重新实行了专卖政策。另外还降低赋税，撤销关卡，以便通商。这些措施极大地刺激了工商业的发展。"大唐盛世"和"丝绸之路"便是最好的见证。大唐王朝成为中国历史上辉煌灿烂的时期。

唐朝实行以实物货币和金属货币兼而行之的多元货币制度。唐朝后期，由于人口南移加上土地开垦及大修水利，南方的粮食产量大幅增加。唐朝前期的主要手工业有纺织业、陶瓷业和矿冶业。唐朝后期，南方手工业大幅进步，特别是丝织业、造船业、造纸业和制茶业。唐朝手工业比前朝有很大的进步，商业也比前朝发达。手工业进步对社会生产力的发展起着有益的作用，商业的发达刺激了手工业进步，也加强了各地区的经济联系。

"分久必合，合久必分"是中国几千年发展史的延续形式。唐朝灭亡后，中国历史上又进入了一个大分裂时期——五代十国（907～960 年）时期。唐朝后期因为"安史之乱"、藩镇割据与各地爆发起义等因素，使得北方战乱不堪，人口流移南方，导致田园荒芜。到五代十国时期，五代时期政权交迭频繁，北方战火始终未能平息，北方经济比较落后，人口持续大减。直至后周后期才逐渐恢复，但经济发展始终不如南方。而南方则较为安定，持续吸收来自北方的流民，为南方带来大批的劳动力及先进的耕织技术，加速了南方经济的发展。唐朝后期至五代十国时期，中原地区的经济因为长期的战乱、天灾而残破不堪，诸国混战严重破坏了社会经济，商贸往来受到了严重影响。

宋朝（960～1279 年）是中国历史上上承五代十国下启元朝的朝代，分北宋和南宋两个阶段。宋太祖赵匡胤建立宋朝后实施减免税政策和保护往来商人的措施。为了促进商品流通，宋代取消了汉唐以来的很多禁令，比较重要的有四条：一是商品与铺号不再集中于政府指定的官市，可自由选择经营点；二是取消了宵禁制度，百姓可在夜晚出行或做生意；三是取消了对集市的行政性限制，原来非法的"草市""墟"得到了允许；四是放松了对价格的管制，任由市场波动决定。

长期的政权稳定、温和的执政理念，百年里没有内乱和没有杀过一位大臣，改朝换代的时候兵不血刃，没有惊扰民间；粮食产量的倍增，"苏湖熟，天下足"，粮食产量的增加促进了人口的快速增长，宋朝的人口峰值在1124年达到1.26亿，是中国历史上第一个人口过亿的朝代。巨大的人口数量为工商经济的繁荣创造了无比宽阔的市场空间，经济繁荣程度可谓前所未有，农业、印刷业、造纸业、丝织业、制瓷业均有重大发展。航海业、造船业成绩突出，海外贸易发达，和南太平洋、中东、非洲、欧洲等地区的50多个国家通商。宋代对南方的大规模开发，促成了经济中心南移。宋代的文明水平达到了空前的高度。中国古代的"四大发明"，除了造纸术之外，其余的指南针、火药和活字印刷术都出现于宋代。

宋朝是中国历史上商品经济、文化教育、科学创新高度繁荣的时代。咸平三年（1000年）中国GDP总量为265.5亿美元，占世界经济总量的22.7%，人均GDP为450美元，超过当时西欧的400美元。后世认为宋朝虽"积贫积弱"，但宋朝民间的富庶与社会经济的繁荣实际远超过盛唐。著名的清明上河图就反映了北宋时期都城汴京的繁荣境况，也是北宋城市经济情况的写照。宋朝立国319年，二度倾覆，皆因外患，是唯独没有亡于内乱的王朝。北宋灭亡以后，南宋在江南建立政权150多年。尽管当时的工商业有所恢复，甚至首都临安的商业繁荣程度远远超过了汴京，但在制度进步上乏善可陈。南宋灭亡前，曾是世界上最富有和最先进的王朝。

宋朝企业的规模也超出了之前乃至之后的很多朝代，如矿冶业，徐州是当时的冶铁中心，有36个冶炼基地，总共有5000~6000名工人；另外常年有超过10万人从事开采业。都城汴京的兵器制造中心，拥有军匠3700人，作坊工人5000人，加上配套人员，总数将近1万人，是当时世界上独一无二的"万人工厂"。宋代还出现了中国企业史上众多制度创新，包括资本的所有权与经营权的分离；第一批股份制合伙公司的诞生；世界上第一张纸币——交子的出现；定金制度得到广泛的运用，以及职业经理人阶层的萌芽等。宋代的合资经营活动大量出现在东南沿海一带从事海外贸易的商人中。欧洲最早的股份公司制度在1602年诞生于荷兰的阿姆斯特丹从事海外贸易的荷兰东印度公司。从时间上来看，宋代的"合本"企业比欧洲的同类企业起码要早500年。在"官交子"出现600多年后，英国政府第一次发行了官方纸币——英镑。因为有了定金制度，还出现了包销垄断的案例。商人对福建荔枝的包销，是企业史上第一次有关期货交易的记录。宋代虽然出现了工商业的盛世景象，但却找不到著名的巨商大贾。原因是垄断资源由官员负责经营，对民间商人进行授权经营。

元朝（1271～1368年）是蒙古族建立的王朝，定都大都（今北京）。元军在至元十六年（1279年）经过"崖山海战"消灭南宋，结束了自唐末藩镇割据以来中国的南北对峙、多个民族政权长期并存的分裂和战乱局面，推动了多民族统一国家的巩固和发展。但之后元朝持续对外扩张，对邻近诸国发动了一系列的侵略战争，导致战争不断、政府财政紧张的局面。于是统治者通过增加税收、兴铁冶、铸农器官卖等经济政策来增加国家收入。由于吏治腐败，横征暴敛，百姓不堪重负，纷纷揭竿而起。到元朝中期，统治者停止对外战争，专力整顿国内军政，通过采取限制诸王势力、减免部分赋税、新编律令等措施，使社会矛盾暂时有所缓和。元朝为了维护蒙古贵族的专制统治权，将各民族分为不同等级，采用"民分四等"的政策，一等蒙古人，二等色目人，三等汉人，四等南人。汉人地位低下，民族压迫十分严重。蒙古统治者向汉人收取各种名目的繁杂的赋税，禁止汉人打猎、学习拳击武术、持有兵器、集会拜神、赶集赶场做买卖、夜间走路。汉人常被掠夺。因此，汉族人在元朝时候失去了对工商业的主导权。元代有案可查的商人事迹非常稀少，且大多集中于开国时期，著名者除了泉州蒲寿赓之外，还有靠贩运粮食而成巨富的南方汉人朱清、张瑄，以及回族人奥都拉合蛮。

元朝经济大致上以农业为主，商品经济和海外贸易较繁荣，其整体生产力虽然不如宋朝，但在生产技术、垦田面积、粮食产量、水利兴修以及棉花广泛种植等方面都取得了较大发展。元朝的众多经济政策延续宋代旧制，例如，专营、扑买制度毫无更改，盐税仍然是最重要的国库收入来源，占整体收入的一半左右。由于蒙古人对商品交换的依赖较大，同时受儒家轻商思想影响较小，故元朝推行重商主义政策，经济开放度超过了秦汉唐宋，商品经济十分繁荣，使其成为当时世界上相当富庶的国家。而元朝的首都大都，也成为当时闻名世界的商业中心。为了适应商品交换，元朝建立起世界上最早的完全的纸币流通制度，建立了影响千年的银本位制，是中国历史上第一个完全以纸币作为流通货币的朝代，然而因滥发纸币也造成了通货膨胀。商品交流也促进了元代交通业的发展，改善了陆路、漕运，内河与海路交通。部分学者认为1341年元代人口峰值为9000万人。

明朝（1368~1644年）是中国封建历史上最后一个由汉族建立的大一统王朝，享国276年。明朝是继汉唐之后的黄金时期。明代，无汉之外戚、唐之藩镇、宋之岁币，天子守国门，君王死社稷。清朝官方评价明朝为"治隆唐宋""远迈汉唐"。明朝无论是铁、造船、建筑，还是丝绸、纺织、瓷器、印刷等方面，在世界都是遥遥领先，产量占全世界的2/3以上，比农业产量在全世界的比例还要高得多。明朝民间的手工业不断壮大，而官营手工业却不断萎缩，明朝官员经商蔚然成风，利用职权，形成垄断专卖，大肆走私，获取暴利。明朝以较短的时间完成了宋朝手工业从官营到私营的转变，而且变化得更为彻底。迄至明朝后期，除了盐业等少数几个行业还在实行以商人为主体的盐引制度外，一些手工业都摆脱了官府的控制，成为民间手工业。

明代的工商经济与前朝相比，最大的变化是专业化市镇的出现和商帮的崛起。因为人口增加和产业衍变导致专业化市镇的出现。"水稻革命"和"棉花革命"让中国的人口繁衍速度大增，尤其以江南地区的增长最快。据《明实录》所记载，人口峰值为 7185 万，但大部分学者认为实际逾亿人，也有学者指出晚明人口接近 2 亿，存在较大争议。人口的增长导致了新型市镇化的发展和大型交易集市的出现。棉纺织业的繁荣和专业化市镇的崛起，催生出了一支重要的商业力量——靠贩销棉布为主的江浙商帮应运而生。商帮的出现，是中国商业史上的一件大事。当时不少土地主、缙绅也逐步将资金投向工商业，以徽商、晋商、闽商、粤商等为名号的商帮也逐渐形成，并在一定地区和行业中有着举足轻重的地位。农业人口转为工商业者的数量激增。

为加强与海外诸国的联系，明成祖朱棣派郑和出使西洋。1405~1433 年，郑和七次航海，访问亚非 30 多个国家和地区，最远到达红海沿岸和非洲东海岸地区。同时又派遣吏部验封司员外郎陈诚出使撒马儿罕、吐鲁番、火州等西域十八国，加强了明朝同世界各国经济政治上的往来。

晚明时中国民间私营经济力量远比同期西方的强大，当英国商人手工场业主拥有几万英镑已算巨富时，明朝民间商人和资本家动用几百万两银子进行贸易和生产已经很寻常，郑芝龙海上贸易集团的经济实力达到每年收入数千万两白银，当时荷兰的东印度公司根本无法与之相抗衡。

清朝（1644~1912 年）是中国历史上的最后一个封建王朝，享国 268 年。清朝 1840~1912 年是半殖民地半封建时期。清军入关时，适逢李自成领导的农民起义军刚攻占了明朝首都顺天府（北京），所以在清朝初期，清军要对付明末的农民起义军和明朝军队。因为社会动乱、镇压、人口减少导致曾经繁华的工商经济在明末到清初时期再度遭到毁灭性打击。后来，随着动乱的平息、社会的稳定，清政府实行奖励垦荒、减免捐税的政策来发展经济与缓和社会矛盾。因战乱而遭到严重破坏的手工业逐步得到恢复和发展，人口随之增加。清朝的人口数也是历代王朝最高，清代人口至18世纪末已达到3亿以上，1851年人口已达4.36亿。因此，到18世纪中叶，清朝的经济出现了盛世境况。康熙中期以后，因战乱而遭到严重破坏的手工业逐步得到恢复和发展。乾隆年间，江宁、苏州、杭州、佛山、广州等地的丝织业都很发达。江南的棉织业、景德镇的瓷器都达到了历史高峰。

商业发达，推动了商帮的发展，形成的十大商帮中的晋商和徽商支配了中国的金融业，闽商和潮商掌控了海外贸易。清朝曾实施海禁政策，沿海贸易受到了影响。货币方面采用银铜双本位制。康熙后期为防止民变，推行禁矿政策，在一定程度上阻碍了工商业的发展。清政府依然推行重农抑商政策，制约资本主义萌芽的发展。清朝与其他王朝一样同样逃不过由盛转衰的厄运。由于政治日渐腐败、官员结党营私、国库日益空虚、土地兼并严重、阶级矛盾激化、民变陆续爆发，清朝从乾隆末年就开始衰落。

3. 半殖民地半封建社会

半殖民地半封建社会是资本主义列强入侵封建国家后，封建经济逐步解体，资本主义因素得到一定发展。从政治角度来看，主权遭到破坏，列强干涉中国内政，中央机构半殖民地化；从经济角度来看，中国日益卷入资本主义世界市场，经济日益殖民地化。半殖民地半封建社会开始于1840年中英"鸦片战争"的爆发，止于1949年中华人民共和国成立。

1840年，英国通过发动"鸦片战争"打开了中国市场的大门。从此，中国开始遭受列强入侵，清政府被迫开港通商，主权和领土严重丧失，沦为半殖民地半封建社会，中国社会性质发生了巨大变化。此时，加上地方官吏地主兼并土地，使得传统农村经济受到破坏，各地民众乘机纷纷起义反抗，清王朝处于内忧外患之际。清政府开展"洋务运动"的自救运动来维护清朝统治，通过引进西方先进的军事装备强化国防力量，在发展经济上坚持官办、官商合办、官督商办的制度，引进科学技术和工业化生产模式来提升生产力，使中国出现了第一批近代企业，促进了民族资本主义的产生和发展。江南制造总局是近代中国第一家新式工厂，也是晚清规模最大的军工企业。

为了更好地对工商业实行有效的管理，1903 年 7 月，清政府设立了专门制定商事法及相关法律的商部，随后商部颁布具有现代意义的第一部公司法《钦定大清商律》，还有《商会简明章程》《破产律》《试办银行章程》和《大清矿务章程》等一系列商事法规，以及中国史上第一次允许商人建立商会的《商会简明章程》，成为了第一套比较完整的现代商法管理体系。

"洋务运动"虽然在一定程度上使清朝的国力有所恢复和增强，但并没有改变清政府灭亡的厄运。1911 年，辛亥革命爆发，清朝统治瓦解。1912 年 2 月 12 日，清朝末代皇帝爱新觉罗·溥仪颁布了退位诏书，清朝从此结束。此时的中国与以往一般朝代更迭的历史不同，内有军阀地方势力独霸一方，外有列强侵占我国领土，在国家统治层面处于四分五裂的状态，军阀混战，政权更迭，直到 1949 年中华人民共和国成立。

1912~1949 年，蒋宋孔陈"四大家族"（即蒋介石家族、宋子文家族、孔祥熙家族和陈果夫、陈立夫家族）控制了中国政治和经济命脉。蒋介石控制的是政治，陈立夫控制的是党，宋子文和孔祥熙两家先后担任财政部长，长期把持国家的财政大权，垄断的行业有金融银行业、纱业、矿业和农业。

民国政府为了军费开支而对企业家阶层进行逼捐和实行重税政策，但遭到商人的抵制。1924 年，民国政府在广州对商人的自卫武装组织商团进行了镇压，史称"广州商团事变"。为了进一步打击商人团体对政府对抗的影响力，蒋介石下令解散商人组织的总商会。

抗日战争期间，由于工业、商业发达的沿江沿海地区相继沦陷，关税、盐税、统税"三税"收入大为减少。国民党政府便通过扩大征税范围和增加税率的办法，来弥补减少的税收，形成了几乎无物不税的状况。

为了加强对工商业的控制，国民政府采取了相关措施。从1938年3月起实行外汇管制，从此官价外汇被垄断，黑市交易随之而起。伴随法币的贬值，官价与黑市之间的差额越来越大。"四大家族"利用特权，以官价买进大量外汇和黄金，以黑市价格抛出，转手之间，牟取暴利。实行专卖制，1941年4月，国民政府成立专卖事业管理局。从次年初开始，先后对食盐、糖、卷烟、火柴、茶叶、酒等六类物品实行专卖。这一制度，使国民政府的收入大增，但同时也大大加重了人民的负担。也正是在这一制度下，国民党官员和有关机构乘机营私舞弊，套取专卖品转投黑市，从中牟取暴利。1937年9月实行统购统销，当时在国民政府之下成立贸易调整委员会，该会下设复兴商业、富华贸易、中国茶叶三大公司，对国统区的丝、茶、桐油、猪鬃等主要出口物资，实行统购统销。钨、锑、锡、汞等主要出口矿产品，则由资源委员会统购统销。1942年2月，成立物资局，对棉纱实行统购。在统购统销政策下，国民党政府实行低价强购，利用买卖之间的差价获取重利。

关于官僚资本在国民党政府统治时期的垄断情况，在1941~1946年的五年中，在官僚资本控制下的某些重要工矿业产品，有着惊人的增长。例如，电力增长了83倍，钢增长了55倍，汽油和煤油都增长了19倍以上，棉纱、棉布分别增长了14倍和18倍。抗日战争期间，官僚资本垄断了煤铁、电力、机械、化学以及有色金属等重要工矿部门。它们在大后方工业中所占的比例为机械达73%，化学产品达75%，电力和电工器材达89%，冶炼达90%，汽油、煤油以及有色金属如钨、锑、锡、汞、铜、锌的生产，完全为官僚资本所独占。抗日战争胜利以后，日伪工矿企业几乎全部为国民党政府所接收，官僚资本控制的范围更加扩大。除了重工业以外，轻工业中也渗入了庞大的官僚资本。以棉纺织业为例，国民党政府设立的中纺公司在 1946 年就独占了全国 49% 的纱锭、68% 的布机、39% 的棉纱产量和 73% 的棉布产量。

在金融业中，官僚资本的垄断，表现得更为突出。在抗日战争以前，官僚资本在金融业中已经形成了"四行二局"（"四行"是中国银行、交通银行、中国农民银行、中央银行，"二局"是邮政储金汇业局和中央信托局）的统治。抗日战争时期，金融业中的官僚资本加速膨胀发展的速度大大超过私营银行。在 1936~1946 年，本国银行的存款和放款中官僚资本银行所占的比重大大上升，至于纸币发行和外汇储备，则完全为官僚资本银行所垄断。

在商业和对外贸易中，官僚资本的垄断，在抗日战争以后也达到空前的高度。例如，生丝的出口运销全部控制在官僚资本的中蚕公司和中央银行与中央信托局合组的生丝购销委员会的手里；桐油的出口运销，也有 3/4 掌握在官僚资本控制的中国植物油料公司的手中。这表明，官僚资本的垄断，已从生产领域扩大到流通领域。

半殖民地半封建社会的中国，不但领土被侵占，而且在经济上同样被侵略。外国资本主义企业的入侵，虽然刺激了中国近代资本主义企业的产生，但最终使中国资本主义的发展受到压制。到 20 世纪 30 年代，在许多工业部门中，外国资本已占压倒的优势。1931~1936 年外资控制的企业占有中国生铁产量的 95% 以上，机械采煤量的 65% 以上，发电量的 55% 以上，棉布产量最高达到 65%（1935 年），卷烟产量最高达到 58%（1935 年）。外国工厂的生产，是带有垄断性的大规模生产，如美商上海电力公司的发电量，相当于全国各华厂发电量的总和；英商颐中烟草公司的产量超过所有华厂的产量。

同样，20 世纪 30 年代的交通运输业中，外国资本也占很大的比重。1937 年，中国铁路由外国直接经营和控制的，分别为 47% 和 44%。1936 年，航行长江的三大外国轮船公司怡和、太古和日清所支配的船舶吨位，为中国轮船招商局的 3.5 倍。在金融业中，17 家主要外国银行在 20 世纪 30 年代吸收的存款，将近 14.1 亿元，而 25 家主要中国银行的存款为 13.6 亿元，比不上外国银行。外国银行经手对中国的贷款，在中国政府的全部外债中，占有最主要的份额，具有左右中国资本市场的力量。而中国进出口贸易的外汇结算，由外国银行担任的达到 90%，具有操纵中国外汇市场的力量。由于其资力雄厚，上海金融市场包括外汇、金银市场的控制权，实际上是操纵在外国银行的手中。

在这种分裂和政权不断更迭的时期，加上外国势力的侵略，民族主义情绪高涨。这一时期所诞生的民族资本家具有强烈抵御列强入侵的爱国情怀。他们怀着"振兴实业，拯救中华"的信念，积极发展现代工商业，领导民族企业与外资企业展开全面的竞争，发动抵制洋货运动，积极参与各种形式的爱国运动。1919 年 5 月 4 日爆发的"五四运动"就有企业家们的身影。这个时期企业家的行为特点在中国商业发展史上是特有的现象。

中国企业在抗日战争时期损失严重，为了避免战火和被日本占有，部分工业进行了西迁，但迁到西部的企业都难以恢复昔日的风光。在被日本侵略者占领的地区，工业不是被战火摧毁，就是被日本侵占。根据《申报年鉴》记载，上海作为当时世界第七大都市和中国的重要工业城市，当时有 4998 家工厂、作坊被毁坏，使上海丧失了 70% 的工业能力。1945 年抗日战争胜利后，那些千辛万苦随国民党政府迁都到重庆的企业，到 1946 年 5 月为止，368 家迁到重庆的企业只有 3 家回迁到东部，349 家已歇业，情况确实令人痛惜。国民党政府将战后接收的资产国有化，到 1948 年，国有产业资本占全国产业资本总额的 80% 以上。另外，苏军搬走了东北半数以上的工业设备，给中国战后的经济重建造成了巨大打击。在国家主权不完整或政权不稳定的情况下，无论是个人还是企业的财富都难以保障安全性和持续性。

4. 1949~1978 年

1949 年，中华人民共和国成立，内战基本结束，但百废待兴，因此首要任务就是要进行经济建设。中国开始实行经济改革，而经济改革的目的之一，就是要实现生产资料全面公有化。

中华人民共和国成立时，中国的经济结构状况是国有资本、私有资本和外国资本共存的局面。在对私有工商业进行国有化改造的措施中，从流通领域控制原材料供应和产品销售渠道，从而挤压私人企业的生存空间。政府规定所有重要的原材料供应渠道由国营企业垄断，私人企业只能向国营企业订货。在金融领域、原材料供应和销售渠道都被国有企业控制的情况下，私人企业的生存空间有多大就可想而知了。在 1956 年 1 月，全国资本主义工商业实现了全行业公私合营。公私合营规定生产资料由国家统一调配使用，资本家除定息外，不再以资本家身份行使职权，并在劳动中逐步改造为自食其力的劳动者。

在世界四大文明古国中，中国具有上下五千年的历史，是世界史上唯一文明没有中断过的国家，但令人疑惑的是，为什么中国今天没有一家千年老店？而日本的历史不如中国久远，文化是从中国传过去的，却有一间当今世界上历史最悠久的企业金刚组，这家专营寺庙建筑的公司创建于公元 578 年（日本的飞鸟时代），相当于我国南北朝时期，距今已有 1440 多年的历史。而我国在 2500 多年前的春秋战国时期，已经不乏范蠡、子贡、吕不韦等这样的富商巨贾了。况且中国当今的百年老店数量也不如日本和欧洲的一些国家。

这些问题确实令人困惑。影响企业传承与发展主要有企业内因与外因两个方面。企业的内因主要是在经营管理、接班人等方面。企业的外因主要是指战争、政权更迭（如元朝、清朝）、政策措施（如跨越千年的"重农抑商"政策）、外族入侵（如八国联军侵华战争、抗日战争）、政治运动等因素。这些外部因素是不受企业控制的，而且对企业的传承与发展是致命的打击，甚至是毁灭性的。当今中国缺失千年老店，百年老店数量也不如外国，从中国的历史看，企业外因的影响会比内因的影响大。

在计划经济体制之下，国家在生产、资源分配以及产品消费等方面，都是由政府进行计划统筹，老百姓凭票购买商品，如购买粮食或吃饭就用粮票，购买肉类的是肉票。在这种体制下，无论是国有企业还是集体企业，上至负责人，下至普通员工，都无须对企业的盈利和亏损负责。在收入稳定的情况下，员工做多做少都一样，缺乏积极性。企业负责人自然也就失去了企业家承担风险、创新等固有的本质。因此，张维迎和盛斌（2014）认为，在计划经济体制下，企业领导者是官员经理，不具备企业家的职责。他们执行上级下达的计划，不像企业家那样对决策承担经济责任，也不具备企业家的冒险精神和创新精神，所以他们不是企业家。1949~1956年，随着经济的国有化，在随后相当长的一段岁月里，中国企业家在这一时期的历史足迹也几乎无处可寻。但在如此不具备企业家生存土壤的生态环境之下，依然有人凸显出企业家追求利益的本色，敢冒天下之大不韪，就像小草一样，只要有一丝阳光或一丝空隙，就显示出其顽强的生命力。这一时期的商界代表人物有鲁冠球、吴仁宝和禹作敏。在当今的企业家群体里，他们属于改革开放前的先行者和实践者。

5. 1978 年至今

1978 年 12 月，具有划时代意义的党的十一届三中全会召开了。会议做出了实行改革开放的新决策，从计划经济走向市场经济。这标志着中国进入了经济改革开放的新时代。

改革开放以来的 40 年光辉岁月里，中国不仅成为了全球第二大经济体，而且对世界经济贡献的影响也越来越大。从 20 世纪 80 年代开始，我们以 10 年为一个阶段，从经济政策、重要事件和企业发展情况等来分析改革开放各个时期的特点。

20 世纪 80 年代是改革开放后的第一个 10 年，是第一个具有启程意义的年代，是中国经济从计划经济向市场经济过渡的时期，也是一个充满机会和希望的年代。国企改革也随着改革开放的步伐而展开，试实行经济承包责任制。中国的改革开放是一条前人没有走过的路，无论是从政府政策还是市场运作模式方面都没有经验可借鉴，只能凭着敢闯敢干的精神，勇于实践，在摸索前进中不断总结经验教训。正如改革开放的总设计师邓小平同志所提出的"摸着石头过河"的思想，还有"不管黑猫白猫，捉到老鼠就是好猫"的"白猫黑猫"思想贯穿了中国整个改革开放进程。由于过往长期实行计划经济，导致市场上物资缺乏，存在供不应求的状况，肉、蛋、糖、棉花、布等生活必需品凭票供应，所以主要是以流通领域的买卖和满足日常生活消费品的基础工业发展为主体，创新性的领域比较少。

20 世纪 80 年代是改革开放后第一代企业家产生的年代，同时也是企业家创业的黄金时期，今天的许多著名公司也是诞生于那个年代。1984 年是今天的许多著名公司的创始元年，如张瑞敏创立的海尔、柳传志创立的联想、王石创立的万科、李经纬创立的健力宝、史玉柱创立的巨人集团、段永平创立的步步高、李东生创立的 TCL、潘宁创立的容声冰箱、赵新先创立的三九胃泰、任正非创立的华为、怀汉新创立的太阳神、宗庆后创立的娃哈哈、李宁创办的广东李宁体育用品公司。

在第一个改革开放的 10 年出现了一件对企业界来说具有历史里程碑意义的事件——首届全国优秀企业家评选在 1988 年 4 月 2 日揭晓，由原国家经济委员会授予这一荣誉，共有 20 位获奖者，他们是：冯根生、邹凤楼、尚海涛、李华忠、陈祥兴、孟祥海、汪海、马胜利、朱毅、杨其华、周冠五、齐心荣、殷国茂、徐有泮、霍荣华、应治邦、于志安、黄春莩、邢起富、陈清泰。这些获奖者都是各省因为承包制而出名的厂长。这是中国第一次将企业领导者称为"企业家"。

20 世纪 90 年代是改革开放后的第二个 10 年。经过第一个 10 年的摸索积累，中国的经济改革进入了一个新的阶段。政府在财政、金融、投资等方面出台了一系列重要的政策，逐步规范了市场经济的发展，经济增长速度也加快了。国企进一步改革，完善了企业的经营机制，实行承包制，打破大锅饭，调动了企业和职工的积极性。1992 年后，政府确立了以构建"产权清晰、权责明确、政企分开、管理科学"的现代企业制度为国有企业改革方向，使企业真正成为市场主体。乡镇企业和私人企业得到了快速发展，外资企业也逐步增加。

20 世纪 90 年代，发生了一些令人瞩目和影响巨大的事件。1990 年 12 月 1 日，深圳证券交易所开市，同年 12 月 19 日，上海证券交易所开市。1991 年，南德集团董事长牟其中用"罐头换飞机"，轰动一时。1992 年，为了进一步推动改革，邓小平进行了南方谈话，使当时对改革开放的意识形态的争论得到终结，中国经济再次提速发展。从 1955 年开始实施限购而发行的粮票，到 1993 年被取消。在对外贸易不断扩大的情况下，外资在我国的投资规模也增大。1994 年 7 月 1 日，《公司法》的颁布标志着中国企业步入国际惯例和规范化管理。1997 年是一个不平凡之年，2 月 19 日，改革开放总设计师邓小平去世；7 月，香港回归祖国；亚洲爆发了金融风暴；企业出现了倒闭潮，如山东秦池、巨人集团、三株和亚细亚。1999 年，发生了许多重大事件：中国出现了一批互联网的先行者，如阿里巴巴、QQ、当当网、盛大、携程；经过多年谈判，中国加入了世界贸易组织（WTO）等。

2000 年是改革开放后的第三个 10 年。中国的经济改革经过 20 年的积累，已经日益强大。中国改革的步伐没有停止，这一时期国有企业、金融、财税、外经贸体制和行政管理体制等改革迈出了重大步伐。中国于 2001 年 12 月 11 日正式成为世界贸易组织成员。中国对外贸易出口增加，越来越多的"中国制造"产品走向世界。这一年代也是知识经济的年代，与传统的产业有着明显区别的软件公司、电子商务、门户网站等互联网公司大量涌现。

2002 年，在国企改革过程中发生了李经纬离开健力宝、顾雏军入主顺德科龙、仰融出走华晨金杯汽车公司的事件。随着贸易的全球化，中国企业开始走向国际化，如 2003 年 TCL 开始在美国、德国和法国的跨国并购行动。

2007 年，中国超过德国成为全球第三大经济体。与此同时，我国科技、教育、文化、卫生、社会保障等领域的改革和发展也取得了长足进展。1979～2007 年长达 28 年的时间里，国内生产总值年均增长速度达到 9.8%，是同期世界经济增长速度最快的国家之一。

2008 年，北京奥运会成功举行，中国的国际影响力进一步提升。但在北京奥运会结束后不到一个月，美国雷曼兄弟公司的倒闭引爆了金融危机，对世界的经济造成巨大的冲击。同年 9 月，受三聚氰胺事件的影响，中国的乳业一片风声鹤唳。

2010 年，中国开始踏入了改革开放后的第四个 10 年。历经 30 年的快速发展，我国的综合实力已超越日本成为仅次于美国的世界第二大经济体。

2010 年，对企业界来说是喜忧参半的一年：2010 年 3 月 28 日，在瑞典哥德堡，中国浙江吉利控股集团有限公司董事长李书福与美国福特汽车公司首席财务官刘易斯·布思郑重地在一份协议书上签下了各自的名字。中国有史以来最大的汽车产业海外并购案尘埃落定，吉利以 18 亿美元价格收购沃尔沃 100% 股权的协议最终达成。国产汽车企业吉利收购沃尔沃 100% 股权，拥有沃尔沃关键技术、知识产权的所有权以及大量知识产权的使用权。2010 年，富士康员工跳楼事件，引起社会高度关注。2010 年，国美发生了大股东黄光裕家族与以陈晓为首的职业经理人的控制权之争。争斗最终以陈晓离开国美而结束。

在 2011 年，令企业界轰动的一件事莫过于在临近国庆之时因债务原因发生的"温州企业老板出逃"事件，而且由最初的个案发展成后来的群体性"跑路潮"。

2013 年是中国史上非常具有里程碑意义的一年！2013 年 3 月，习近平当选为新一届的国家主席，提出了一系列治国理念和执政方略，带领中华民族走上了民族复兴之路。企业遇到了新环境、新机遇、新希望！

2014 年 12 月 2 日，中共中央国务院印发了《丝绸之路经济带和 21 世纪海上丝绸之路建设战略规划》，对推进"一带一路"倡议工作做出全面部署。2015 年 3 月 28 日，经国务院授权，中华人民共和国国家发展和改革委员会（以下简称国家发展改革委员会）、中华人民共和国外交部（以下简称外交部）、中华人民共和国商务部（以下简称商务部）联合发布《推动共建丝绸之路经济带和 21 世纪海上丝绸之路的愿景与行动》。

2015 年李克强总理在政府工作报告中又提出"大众创业、万众创新"。为贯彻落实《国务院关于大力推进大众创业万众创新若干政策措施的意见》

有关精神，共同推进大众创业万众创新蓬勃发展，国务院同意建立由国家发展改革委员会牵头的推进大众创业万众创新部际联席会议制度。

2016 年 3 月 4 日，习近平看望参加全国政协十二届四次会议的民建、工商联委员并参加联组会，强调非公有制经济在我国经济社会发展中的地位和作用没有变，鼓励、支持、引导非公有制经济发展的方针政策没有变，致力于为非公有制经济发展营造良好环境和提供更多机会的方针政策没有变。同时，强调要着力构建"亲""清"的新型政商关系。

2017 年，国务院印发《中共中央国务院关于营造企业家健康成长环境弘扬优秀企业家精神更好发挥企业家作用的意见》，旨在为企业的良好发展创造更好的外部环境。

2018 年是改革开放 40 周年。2018 年也将会是不平凡的一年！2018 年 2 月 24 日，吉利控股集团确认旗下吉利集团有限公司（由吉利控股集团董事长李书福拥有、浙江吉利控股集团有限公司管理）已经通过海外企业主体收购了戴姆勒股份公司（以下简称"戴姆勒"）9.69% 的股份。吉利也一跃成为戴姆勒的第一大股东。

根据国家统计局在 2018 年 1 月提供的数据，2017 年中国经济实现较快增长，GDP 增速达 6.9%。据世界银行数据测算，2012～2016 年主要国家和地区对世界经济增长贡献率，美国为 10%，欧盟为 8%，日本为 2%，中国达 34%，超过美、欧、日贡献率之和。中国经济的稳定增长，成为全球经济增长的主要推动力，在世界经济稳步复苏的进程中，为世界经济复苏做出了重要贡献。联合国公布的数据也证明了这一点。2017 年 12 月 11 日，联合国发布了《2018 年世界经济形势与展望》。报告指出，全球经济增长趋强，东亚和南亚仍是世界上最具经济活力的区域，中国 2017 年对全球的经济贡献约占 1/3。中国 2017 年的经济增长将达到 6.8%，标志着 6 年内第一次年增长速度的加快。展望未来，在强劲内需和宽松的宏观政策带动下，预计中国经济增长速度将保持稳定。

2018 年 3 月 7 日，彭博社接连发布两篇文章《今年中国经济将超过欧元区国家》《这是中国经济超过欧元区之年》。文章称，预计 2018 年中国的国内生产总值将达到约 13.2 万亿美元，超过 19 个使用欧元国家的总和（12.8 万亿美元）。彭博社预计：150 年以来，中国 GDP 将再次超过欧元区。

2018 年 3 月 22 日，又一轮中美贸易摩擦开启……

二、企业家社会地位的变迁

在影响经济发展的社会各阶层中，虽然企业家是一个主要阶层，但企业家的社会地位与他们在社会经济发展中所起的作用并不是一直相匹配的。这种情况在不同的国家和不同的时期都不一样。就中国而言，中国古代是自然经济，绝大多数是男耕女织，自己生产，自己消费。对交易的需求本来就低，所以商人的地位也就不高。统治阶级"重农抑商"还有一个重要的原因就是"把人民限制在土地上"，以建立详细的户籍资料，便于征兵打仗。随着专业化分工的加深，社会对一些人专门从事商品交易的需求得到提高，这些人在生产中的作用越来越大，自然地位也就高了；此外，社会保护个人的私有财产，提供有效激励，人们变得有利可图，同样是获取财富，当官的优势不是那么显著，商人的地位也就自然得到提高了。虽然商人在历史上的社会地位低下，但有一点不可否认的是他们也属于经济相对富裕的阶层，生活有所保障，并不是生活贫困，食不果腹，所以文献上鲜有记载商人起义，多为农民起义，实际上就是穷人起义。本节主要就中国历史上各个时期的企业家社会地位进行大致梳理。

1. "重农抑商"政策对商人的影响

中国的封建社会是以农业经济为基础，加上家庭手工业构建成相对稳定和封闭的自给自足的经济体系。在这种经济状况下，农民思想简单，容易控制，有利于统治阶级政权的稳定。而商业经济具有明显的流动性，必然会对封闭的自给自足经济造成冲击，统治者认为商人不易控制，会导致社会的混乱。因此，自秦朝以来统治者都采取"重农抑商"的政策，长此以往，造成了商人社会地位低下，不仅限制了人们对职业的选择，而且人们鄙视商人和商业的思想也变得根深蒂固。

中国商业活动最早开始于部落首领中，他们亲自进行物品的交易活动，商业活动的服务范围主要是贵族阶层而不是一般的人。到了商朝末期，随着社会经济的发展，商品交易活动的增加，原来的贸易模式也出现了变化。统治者不再亲自负责进行物品交易活动的具体操作，只掌握操控大权，具体的商品交易活动改由佣人来进行。这标志着从事商业活动的人从此由原来的统治者转变成平民百姓，商人从贵族阶层中分离出来。到了周朝，统治者加强了对工商业和从事这些行业人员的管控，推行"工商食官"制度，这在中国历史上不仅是政府第一次以法令的形式使工商业全面变成了官办，也是政府第一次全面地掌握和管理工商业，同时也标志着统治者阶层把对原来从事工商业的角色，从管控和亲自操作兼顾的方式转变为管控和亲自操作的方式，以制度化的形式正式分离。这种分离模式影响了以后历朝历代的统治者对工商业的控制。从统治者对工商业管控的目的和模式，商人的社会地位从此也以制度的方式被确立。

春秋战国时期，周朝推行的"工商食官"制度已崩溃，私人从事商业的人员大增。各国也希望通过发展经济来实现国富民强，因此发展经济成为首要目标，对工商业的发展给予积极的扶持。这些因素促进了工商业的发展。因此，这一时期的商业环境在历史上出现了最特殊的繁荣景象，由于工商业和商人受到重视，商人不受官府控制，可自由经营商品，社会上出现了弃官、弃学的从商热潮。随着财富的不断积累，自由商人的经济实力可以干预当时的经济发展，甚至可以通过经济手段控制统治者的政治决策。这种商人能干预政治的情况像现在西方国家的政治生态一样。那时候的境况是经济政治学，而不是政治经济学。因此，春秋战国时期在中国历史上是一个独特的时代，不仅是在思想和文化上出现百家争鸣的最辉煌灿烂的时代，而且在商业环境上，也是商人拥有经济实力、有社会地位和政治上不受歧视的最辉煌时代。春秋战国时期的商人由于在经济上能与国王、诸侯匹敌，政治上能与君王分庭抗礼，对统治者阶层造成了威胁。另外，工商业与农业之间的矛盾也在加剧。在战国晚期，统治者阶层认为农业才是立国的根本。因此，秦国采取重农抑商的政策，限制从商人数、经营范围，加重商税。

秦统一六国后，不仅继续实行重农抑商政策，还将天下十二万富豪迁至洛阳，并掠夺他们的财产。秦朝采取的重农抑商政策不仅彻底改变了商人在春秋战国时期辉煌的社会地位和状况，而且这一政策成为了以后历朝历代奉行的准则。从此商人被排挤在政治层面之外，没有政治地位，也就没有社会地位。长此以往，在社会上商人被认为是地位低下的。

汉朝依然奉行秦朝的重农抑商政策，而且措施更严厉。例如，汉高祖刘邦严禁商人穿丝绸的衣服和乘车骑马，并加重赋税，甚至关闭了商人从政的路径，连他们的后代也受到限制。在征收财产税时，实施"告缗"，对隐匿或不如实汇报财产的商人，没收其财产，并将所没收的财产的一半奖励给告发者。这些措施导致了大批商人破产。到隋朝的时候，创立了科举制度，任何人都可以通过官府举行的考试变成统治阶层的一分子。这项措施也为商人提供了一个改变其社会地位的机会。唐朝虽然成为中国历史上辉煌灿烂的时期，但这并没有改变统治者排斥商人的思想，如商人不能从政、不得骑马、服饰必须是黑色等。

自春秋战国时期开始士、农、工、商"四民分业"以来，到宋代时候就出现了"四民不分"，直到明清时期商人的社会地位已有很大提升。宋代还取消了汉唐以来的很多禁令，如对商人不能穿丝绸衣服、不得骑马、商人及其后代不能参加科举考试等限制也取消了。在明代，由于对外实行闭关锁国政策，对内追求"男耕女织"的社会模式，因此，重农抑商的政策依然没有改变。明朝开国皇帝朱元璋曾颁布法令，对不从事农业耕作，而只做商品买卖生意的人，都要抓起来惩办，还规定商贾不许穿戴绸纱。

地主的社会地位要比商人优越，因此，秦朝开始对商人身份的限制中就包括了商人向地主的身份转化。西汉时明文规定商人及其家属不能购买土地，东汉时更规定百姓不能同时拥有商人和地主的双重身份。后来随着商人实力的增强，这种限制得到了突破，特别是在中唐时期的均田制被破坏后，政府就不再干预商人购买土地了。在宋代，允许商人购买土地的环境更宽松。到了清朝时期，新兴的商人地主更成为了地主阶层的一股强大力量。商人除了通过购买土地变成地主来提高自己的社会地位外，还通过与官僚结交、参加科举考试或买官等手段转变成官僚阶层。到了封建社会后期，商人凭借他们的经济实力，通过参与政治，组织商人社会团体，参加捐资助学、修路筑桥和兴办水利等慈善活动，成为了一支能影响社会发展的中坚力量，同时这些也是商人提高其社会地位的有效途径。

在中国近代史上，企业家阶层除了参加慈善公益活动外，还通过政治运动和爱国主义行动来凸显他们的社会地位。

1900 年，中国北方爆发了"义和团运动"。英国深恐波及其所属势力范围的长江流域，便策动两江总督刘坤一、湖广总督张之洞等与列强合作，经买办官僚盛宣怀从中牵线策划，由上海道台余联沅出面，与各国驻沪领事商定《东南保护约款》和《保护上海城厢内外章程》，规定上海租界归各国共同保护，长江及苏杭内地均归各省督抚保护。这就是有名的"东南互保"协议。盛宣怀在当时的官阶只是一个二品顶戴的"道员"（相当于现在的副省长级别）。一个"红顶商人"能促进此事，不仅体现了企业家阶层在政治上的智慧和能力，而且也是他们社会地位作用的展现。正因为有作用和贡献，才有价值，才能体现其社会地位。在后来的立宪运动、"五四运动"、抗日战争、解放战争和中华人民共和国成立初期的经济建设中，企业家阶层的身影依然存在。他们的贡献虽然已成为历史，但并不能因此而抹杀。

晚清允许商人设立组织的举措是商人社会地位提高的一个标志。自此以后，全国已经出现了数千个大大小小的商会。他们的势力非常强大，上海、广州及武汉等城市的商会甚至拥有自己的武装团体。

2. 改革开放后政府对私有制经济的重视

改革开放后，私有制经济重新出现在中国的经济舞台上。从法律法规和政策措施的颁布，体现了政府对私有制经济越来越重视。例如，1987 年私营经济首次被列入宪法，那时它"是社会主义公有制经济的补充"；1992 年第二次修宪，个体经济、私营经济、外资经济等多种非公经济一起被列入宪法，"多种经济成分长期共同发展"；1999 年第三次修宪，非公有制经济地位再次提升，成为"社会主义市场经济的重要组成部分"；2004 年第四次修宪，国家对非公经济由"引导、监督和管理"，变为了"鼓励、支持和引导"；2017

年，颁布了《中共中央国务院关于营造企业家健康成长环境弘扬优秀企业家精神更好发挥企业家作用的意见》，肯定了企业家对社会经济发展的作用，并将企业家精神写入党的十九大报告。企业家还通过中国人民政治协商会议、人民代表大会和工商业联合会参与议政工作。

第三章

政商关系的 "楚河汉界"

工商业所产生的经济效益是政府的重要经济来源。一个政府只有拥有足够的经济实力才能维护国家机器的正常运转，才能维护政权的稳定，这也是国富民强和国泰民安的前提条件。经济状况对政府、企业和其他组织所起的作用在本质上都是一样的。如果政府入不敷出，通常会增加赋税，老百姓的生存压力就会增大。如果企业的财务状况差，就无法支付货款、工资和其他费用来维持其正常运转。因此，以制度化形式对工商业实施全面管理，使工商业成为维护政权稳定的重要保障，是一条穿越千年的不变法则。

一、政府与工商业

工商业的作用是满足市场需求、加速商品流通和产生经济效益。如果说中国"轻商",应该解释为历代统治者都轻视商人,但没有轻视工商业,因为工商业是国家税收收入的支柱,和农业一样都是立国之本,而且民间也热衷于经商。周朝的统治者就认为农工商是立国的必要条件,农业的作用是生产粮食,手工业是制造各种器具,商业使生产出来的产品得以流通,三者起到各司其职和相互补充的作用,同时也是影响社会稳定与发展的关键因素。周朝的统治者为了使工商业成为维护政权稳定的重要保障,以制度化的形式对工商业实施全面管理,使工商业在中国历史上第一次成为了全面的官办性质和政府的垄断资源。从此,对工商业的控制管理也就成为了以后历朝历代统治者政权中不可分割的一部分。这是一条穿越千年而不变的法则。

1. 政府对工商业资源的管控

各朝代执政者对工商业的控制主要集中在四个方面的资源:一是山泽资源,主要包括土地和矿产,矿产方面有能源矿产(煤、油页岩、石油、天然气、地热等)、金属矿产(铁、锰、铬、钒、钛、铜等)、非金属矿产(金刚石、石墨、磷、自然硫、硫铁矿、钾盐等)以及水气矿产(地下水、矿泉水、二氧化碳气等);二是大宗商品买卖,即能源商品、基础原材料和农副产品,如原油、有色金属、钢铁、农产品、铁矿石、盐、煤炭、茶、酒和烟草等;三是贸易特许权,如广州"十三行";四是其他影响国计民生的产业,如通信、金融、电力等。政府对这些资源的垄断经营通常采取官商独资、对民间商人进行授权经营和官民合办即现在采用的 PPP（Public Private Partnership）模式，也就是政府部门与民营企业合作的模式。政府对工商业的管控方式有国有资本直接经营、国有资本与私营企业合营、政府授权民间经营、政府政策管制、行政干预等方式。随着社会的发展，各朝代对管控的资源项目有增减，而且经营方式也有所不同。

在对山泽资源方面的管控，夏朝和商朝采取对山林、川、泽设置官员进行管理的措施，按时进贡指定产品，山林薮泽之利，官府同百姓共同采用，国家不征税。西周后期，开始对山泽征税。后来的朝代虽然具体的管理方法不一样，但对山泽资源的控制权却没有改变。1986 年颁布的《中华人民共和国矿产资源法》规定，矿产资源属于国家所有，由国务院行使国家对矿产资源的所有权。地表或者地下矿产资源的国家所有权，不因其所依附的土地的所有权或者使用权的不同而改变。对勘查、开采矿产资源，必须依法分别申请、经批准取得探矿权、采矿权，并办理登记。

土地资源作为社会的重要生产资料，一直被人们认为是财富和社会地位象征的重要条件。当土地越来越高度集中在少数人手中的时候，也就意味着许多人没有土地，会造成社会的两极分化。这就会导致"富者田连阡陌，穷者无立锥之地"的局面，加剧社会矛盾。历史上造成政权被颠覆的一个重要原因是土地的高度集中。为了巩固统治地位，历代的统治者都采取措施抑制土地兼并，如北魏至唐朝前期实行的均田制，明朝政府丈量全国土地，按人丁和田亩收税等。"井田制"是中国古代社会的土地国有制度，出现于商朝，到西周时已发展得很成熟。井田制是把耕地划分为多块一定面积的方田，周围有经界，中间有水沟，阡陌纵横，像一个井字。商周时代施行的井田制，土地名义上为国家公有，实则归国王或贵族所有。由于阶级社会本身便是私有制，因此井田制的实质是土地私有制。春秋晚期，井田制逐渐瓦解。战国时期，商鞅在秦国推行变法，废除了井田制，确立了土地私有制，土地可以自由买卖。在漫长的古代社会里，社会的主要生产资料——土地，大部分为地主所有，农民占有的土地较少。自商朝至今，推行过土地全面国有化的时期有新朝（公元8~23年），新朝的王莽实施全面土地国有化，然后分配给农民。这与孙中山关于土地政策的主张是一致的。孙中山土地思想的核心是在所有制上主张土地的国有化，将土地分配给农民耕作和使用。1954年通过立法手段确立了农村的土地国有制。1954年颁布的中华人民共和国第一部宪法规定"矿藏、水流，由法律规定为国有的森林、荒地和其他资源，都属于全民所有"。中华人民共和国成立之前，中国实行的是土地私有制，大多数土地属于私人所有，也有一部分土地属于国家所有。农民耕种自己的土地或者租地耕种，许多城镇居民拥有自己的房地产，这已有2000多年的历史。

关于大宗商品买卖方面，如盐、铁、茶、酒、烟草等由封建政府垄断，实际上是由各级官僚控制着，而不容易管制、利润微薄的小商品则由民间商人经营。国家控制着商人的经营范围。齐国的国相管仲宣布矿山资源为官府所拥有，盐铁为官府所有并控制其专营权，然后承包给商人经营。或许管仲当时制定这些经济制度时，也不曾想到会被历朝历代所采用，并且延续了2600多年，一直到今天依然是民间商人不能轻易触碰的红线，如盐业专卖至今还在实行。

在贸易特许权方面，广州的"十三行"是一个典型代表。创立于康熙盛世的广州十三行，是清政府特许经营对外贸易的专业商行，是清政府闭关政策下唯一幸存的海上丝绸之路。这里拥有通往欧洲、拉美、南亚、东洋和大洋洲的环球贸易航线。1757年，清政府规定广州为全国唯一正式许可的对外通商口岸，并制定十三家官牙行经营和管理进出口贸易，实行国营的贸易垄断，这就是所谓的"十三行"。"十三行"具有官商的社会身份，它们作为官设的对外贸易特许商，代海关征收进出口洋船的各项税项，并代官府管理外商和执行外事任务。"十三行"中的从业者因此成为了第一批从事合法外贸的商人集团。鸦片战争之后，清政府被迫开放广州、福州、厦门、宁波和上海为通商口岸，取消了"十三行"的贸易专营权。

从当今中国企业五百强的排名中，我们会更了解政府对工商业控制的情况。由中国企业联合会、中国企业家协会正式发布的 2017 年中国企业五百强榜单中，按营业收入从高到低的排名，前 20 名企业的排名次序分别为国家电网公司、中国石油化工集团公司、中国石油天然气集团公司、中国工商银行股份有限公司、中国建筑股份有限公司、中国建设银行股份有限公司、中国农业银行股份有限公司、中国平安保险（集团）股份有限公司、上海汽车集团股份有限公司、中国银行股份有限公司、中国移动通信集团公司、中国人寿保险（集团）公司、中国铁路工程总公司、中国铁道建筑总公司、国家开发银行股份有限公司、东风汽车公司、华为投资控股有限公司、华润（集团）有限公司、太平洋建设集团有限公司、中国南方电网有限责任公司。在前 20 名中，除了华为投资控股有限公司和太平洋建设集团有限公司属于民营企业之外，其余的企业都是国有企业或者是以国有企业为大股东，而且这些企业涵盖了能源、金融、通信、铁路、电力等影响国计民生的行业。

除了上述情况外，还有些国有企业涉足传统产业，如中粮集团和中信集团。

中粮集团的战略定位是全产业链粮油食品企业，涵盖了从田间到餐桌，即从农产品原料到终端消费品，包括种植、收储物流、贸易、加工、养殖屠宰、食品制造与营销等多个环节。中粮集团还不断加强与全球业务伙伴在农产品、粮油食品、番茄果蔬、饮料、酒业、糖业、饲料、肉食以及生物质能源、地产酒店、金融等领域的广泛合作。我们再看中粮集团近年的并购项目，2009 年 7 月，中粮集团投资逾 61 亿港元，收购蒙牛公司 20% 的股权，并成为蒙牛第一大股东；2017 年 10 月，中粮投资 20 亿元人民币收购凉茶饮料加多宝 30.58% 的股份。中粮集团构建成了一个拥有庞大产业链条的大型企业航母。

另外，中信集团收购了健力宝，进军饮料行业。2016 年 11 月，统一企业股份有限公司拟以 9.5 亿元将佛山市三水健力宝贸易有限公司 100% 股权转让给中信资产管理有限公司旗下的北京淳信资本管理有限公司。近年中信并购的业务还有大众熟识的麦当劳。2017 年 8 月 8 日，麦当劳宣布与中信股份（00267. HK）、中信资本以及凯雷投资集团，针对麦当劳中国业务的战略合作正式完成交割。收购完成后，中信股份和中信资本在新公司中将持有共 52% 的控股权，凯雷和麦当劳（全球）分别持有 28% 和 20% 的股权，当时的收购价为最高 20.8 亿美元（约合人民币 139.7 亿元）的总对价。2017 年 10 月 12 日，麦当劳（中国）有限公司正式更名为金拱门（中国）有限公司。

在新时代下，政府应该利用资源，充分发挥国有企业的优势作用，在技术、产业、市场等方面不断提升中国在国际上的影响力和竞争力。这有助于中华民族伟大复兴的宏伟蓝图和"一带一路"倡议的实现，使中国更能自信、从容地去积极应对当今风云莫测的全球政治和经济环境的变化。所以，国有企业在中国未来发展中的作用会更凸显。

2. 政府对产业和行业的管控

在其他影响到国计民生的产业中，国有资本在关系到国计民生的支柱产业中牢牢地掌握了资源权、定价权和分配权。随着社会的发展，诞生了一些影响到国计民生的新产业，如电力、石油、天然气、铁路、航空、航天、金融、电信、军工等产业。

　　除了以上列出的执政者管控资源范围外，我们还可以通过一些案例进一步了解现时政府对资源管控的新动态，从中感悟出政府对资源进行管控的尺度。

　　随着新行业的诞生，至 2017 年，中国的社交平台、移动支付平台、新物流平台和新媒体平台几乎是由民营资本集团控制，但这一切即将改变。

　　2017 年 8 月 4 日，央行支付结算司印发了《中国人民银行支付结算司关于将非银行支付机构网络支付业务由直连模式迁移至网联平台处理的通知》。通知表示，自 2018 年 6 月 30 日起，支付机构受理的涉及银行账户的网络支付业务全部通过网联平台处理。各银行和支付机构应于 2017 年 10 月 15 日前完成接入网联平台和业务迁移的相关准备工作。网联也被称为"网络版银联"，即线上支付统一清算平台，是在央行指导下，由中国支付清算协会组织成立，用来处理由非银行支付机构发起的、与银行交互的支付业务，按照"共建、共有、共享"原则共同发起筹建。事实上，央行推动网联成立的意图非常明显：利于监管。近几年，第三方支付行业的快速发展，给支付和金融市场造成了混乱。而网联的成立，通过可信服务和风险侦测，可以防范和处理诈骗、洗钱、钓鱼以及违规等风险。网联公司的前 10 名股东中有 4 个股东属于国有企业，分别是股份比例排第一名的央行直属的中国人民银行清算总中心，股份比例是 12%；第二名是国家外汇管理局（以下简称外管局）的梧桐树投资平台有限公司，股份比例是 10%；排名第九的央行直属的中国印钞造币总公司，股份比例是 3%，排名第十的央行直属的中国支付清算协会，股份比例是 3%。四间公司加起来的股份比例总共有 28%。所以，网联的成立，不仅是国家重拳整治金融环境，更标志着由国家主导的中国新信用体系的建立。

　　从这个案例不难看出，即使是新兴行业，国有资本原来没有涉足的，但只要是影响到国家安全的，政府同样要控制，控制的方式是通过合股经营。对于轰动业界的宝能系与万科和格力之争，政府是通过行政手段干预的方式来进行管控。此外，政府对格力、万达、海航、复星等公司在海外投资的管控是通过政策法规的方式来实现的。下面先来看看宝能系与万科和格力之争。

万科和格力电器都是国内知名企业。这两家上市公司都是优质的股票，而且股权都高度分散。

2015 年 12 月 17 日，一份王石在公司内部的讲话稿公开挑战宝能系，万宝之争正式打响。此时宝能系总共持有万科大约 22.45% 的股份，占据第一大股东宝座。12 月 25 日，中国证券监督管理委员会（以下简称证监会）新闻发言人张晓军表示，证监会非常关注宝能与万科的情况。上市公司收购人等信披义务人，在上市公司收购中应依法履行信披义务，上市公司董事会对收购采取的决策应当有利于维护公司及其股东的利益，证监会正会同原中国银行业监督管理委员会（以下简称原银监会）、原中华人民共和国保险监督管理委员会（以下简称原保监会）对此事进行核实研判，以更好地维护市场三公秩序，更好地维护市场参与各方特别是中小投资者的利益。

2016 年 7 月，万科工会委员会起诉宝能损害股东利益，深圳市罗湖区人民法院已经受理此案。9 月，深圳中级人民法院就已做出判决，支持了罗湖地方法院的原判，并形成了终审裁定，万科工会胜诉。

11 月 30 日晚间，格力电器在回复深交所问询函的公告中披露一记重磅消息：“公司通过核查，发现前海人寿在 11 月 17 日公司股票复牌至 11 月 28 日期间大量购入公司股票，持股比例由 2016 年第三季度末的 0.99% 上升至 4.13%，持股排名由公司第六大股东上升至第三大股东。”

12 月 3 日，董明珠直言，“真正的投资者应该通过实体经济获益”“如果成为中国制造的破坏者，他们会成为罪人”。

同日，证监会主席刘士余发出严厉警告，要求不当奢淫无度的土豪，不做兴风作浪的妖精，不做谋财害命的害人精。持来路不正的钱，从门口的野蛮人变成了行业的强盗，这是不可以的。这是在挑战国家法律法规的底线，也挑战了做人的底线！这是人性的退步和道德的沦丧，根本不是什么金融创新。

12月5日，原保监会对前海人寿采取停止开展万能险新业务的监管措施，三个月内禁止申报新产品。

12月6日，原保监会明确，将于近日派出两个检查组分别进驻前海人寿、恒大人寿开展现场检查。

12月9日，原保监会暂停恒大人寿的委托股票投资业务。

12月9日晚，前海人寿发布《关于投资格力电器的声明》，郑重承诺："未来将不再增持格力股票，并会在未来根据市场情况和投资策略逐步择机退出。"

12月12日，《人民日报》发表对万科总裁郁亮的专访。

12月13日，中国恒大在香港交易所发布公告，称无意进一步收购万科股份。

12月17日，中国恒大向深圳市政府做出五点表态：不再增持万科股份；不做万科控股股东；可将所持股份转让给深圳地铁集团；也愿听从深圳市委、市政府安排，暂时持有万科股份；后续坚决听从市委、市政府统一部署，全力支持各种万科重组方案。

2017年1月12日晚，万科发布公告，深圳地铁集团拟受让华润集团所属公司所持有的万科A股股份，约占万科总股本的15.31%。

1月13日，宝能发表声明：欢迎深圳地铁集团投资万科，宝能看好万科，作为财务投资者，支持万科健康稳定发展。

1月17日，国务院国有资产监督管理委员会（以下简称国资委）主任肖亚庆表示对华润转让万科股权很满意。

6月30日，在万科股东大会上，万科董事会换届获得股东大会通过，66岁的王石正式卸任万科董事长，由郁亮接班。这标志着全球最大的房地产公司进入了一个新时代。

从宝能系与万科和格力之争爆发后所发生的一系列事件中，我们不难看出，政府在他们的争斗中所表现出来的态度和意志。

政府在企业对外投资方面也在加强管制。2016年中国贸易顺差几千亿元，结果年终外汇储备不增反降了几千亿元，汇率出现异常，面临着金融巨大动荡的风险。是由于万达、海航、复星、浙江罗森内里公司这几家公司用两三千亿美元巨额换汇去西方疯狂收购足球队、体育俱乐部、油画、影视公司、不动产等垃圾资产所引起的。因此，外管局、原银监会、央行联手重拳出击，防范金融风险。

2017年6月中旬，原银监会要求各家银行排查包括万达、海航、复星、浙江罗森内里在内数家企业的授信及风险分析，排查对象多是近年来在海外投资比较凶猛、在银行业敞口较大的民营企业集团。浙江罗森内里正是此前收购AC米兰足球俱乐部99.93%股权的中国企业。

2017年8月，国家发展改革委员会、商务部、中国人民银行、外交部发布了《关于进一步引导和规范境外投资方向的指导意见》，该意见称："限制境内企业开展与国家和平发展外交方针、互利共赢开放战略以及宏观调控政策不符的境外投资，包括房地产、酒店、影城、娱乐业、体育俱乐部等境外投资。"

2018年2月11日，国家发展改革委员会发布了《境外投资敏感行业目录（2018年版）》，需要限制企业境外投资的行业有房地产、酒店、影城、娱乐业、体育俱乐部以及在境外设立无具体实业项目的股权投资基金或投资平台，自2018年3月1日起施行。

企业家应该明白，无论企业的商业目的和行为是什么，但只要触碰到国家利益这条红线，政府就自然会出手干预。

3. 中国企业在国外面临的政治风险

企业不仅仅面临国内的政治风险，在国外同样存在着政治风险。近年来，中国企业在海外发展受阻的事件增多。例如，华为的项目受阻：2018年1月初，与华为签好一切协议的美国第二大移动运营商AT&T（美国电话电报公司）突然宣布，取消在美销售华为手机。1月15日，美国国会两位重量级议员发起一项议案，拟禁止政府机构采购华为、大唐及中兴的产品和服务。1月30日上午，据悉，因美国政府压力，电信运营商Verizon放弃销售华为Mate10 Pro。Verizon是美国最大的无线电通信公司，AT&T是美国第二大移动运营商，这两家企业相当于中国的移动和联通。与移动运营商合作，是中国手机进入美国市场的关键一步。因为美国手机一般都是由通信运营商来销售。美国政府的理由是影响国家安全。华为受阻的项目还有"华为在澳大利亚海底光缆项目受阻""因美监管机构阻止导致蚂蚁金服放弃并购世界第二大汇款服务公司"以及"德国暂停中企航空零部件收购案"。

有关国家安全的理由正在阻挡很多赴美投资的中国公司，加大了中国企业在美国投资和并购的难度以及交易成本。2017年9月，中资背景私募基金峡谷桥（Canyon Bridge）收购美国半导体制造商莱迪思（Lattice）被美国政府叫停。11月下旬，纽约精品投行Cowen以延误和取得CFIUS批准的"不确定性"为由取消了中国华信能源的2.75亿美元投资。其他陷入延误和取消的交易还有四维图新宣布收购荷兰地图服务商HERE公司10%的股权以及中国泛海在 2016 年 12 月宣布以 27 亿美元收购 Genworth Financial。

因此，对于中国企业来说，政治风险无处不在，关键是企业家如何去把控。

二、企业家与政治

2013 年，党中央坚定不移地推行从严治党、反腐倡廉建设。一批批触目惊心的腐败案件被查处，而被查处的案件存在的主要腐败问题就是官商勾结和权力寻租。被查官员牵涉到的企业家比比皆是。涉事的企业家和企业自然也被追责，难以独善其身。

前面我们已论述了政府与工商业的关系。既然政府掌握了工商业的控制权，那么，企业家作为工商业的主导群体，如何处理好与政府的关系也是影响企业生存发展的重要因素。那么，企业家应该与政治保持怎么样的距离才是最合适的？这也在考验企业家的智慧。

1. 新时代下企业家的"政商关系"新课题

企业是社会中的一个组织细胞，我们已论述过政府对工商业控制的原因。因此，企业不可能不受政府的政策措施影响，当下企业家应该考虑的是在新时代下怎样与政府建立什么样的政商关系才最适合自己和企业的需求。

第一，关注政局，把握经济命脉。要关注政治动态，关注政府政策措施，敏感时事政治，做到"家事国事天下事事事关心"，如像华西村已故村主任吴仁宝那样天天坚持准时收看新闻联播。企业家要想把握经济命脉，就必须关注政局，及时掌握与理解政府发布的相关信息，顺势而为，把握好企业的发展方向与政府倡导的方向一致，才能得益于政策。例如，现时政府加强对环保的整治工作，必然对那些容易产生污染和环保设施不达标的企业是一种冲击。企业家就应该根据这一政策信息及时调整企业未来的发展方向，而不能倒行逆施。又如，在政府关于处理好政商关系的最新动态方面，2017 年，政府出台了《关于营造企业家健康成长环境弘扬优秀企业家精神更好发挥企业家作用的意见》，以文件的形式明确构建"亲""清"的新型政商关系。畅通政企沟通渠道，规范政商交往行为。这一措施在建立健康的商业生态和引导企业家积极参与国家经济建设方面将产生重大的积极影响。该文件意味着不行贿、正道阳光的商业行为将会成为新时代的方向，而通过暗箱操作和官商勾结的行为越来越走不通、风险性也越来越高。企业家应该从中读懂政府倡导的新型政商关系要领。

从最近发生的商业事件里来看大连万达集团董事长王健林如何处理政商关系。由于海外投资安全被纳入到国家安全体系建设的范围，2017 年 7 月，政府有关部门排查了企业的海外投资情况。对政府的这一行动，王健林马上表态："积极响应国家号召，我们决定把主要投资放在国内。"随后王健林将部分商业地产出售，决定清偿大部分银行贷款。虽然万达在出售资产的事情上也成为了商业热点话题，但在 2018 年 1 月 20 日，王健林在哈尔滨召开的集团 2017 年年会上表示，2017 年万达集团资产 7000 亿元，其中，国内资产占比 93%，国外资产占比 7%。他还指出，2017 年是万达集团历史上难忘的一年，万达经历了风波，承受了磨难，在困难的经营条件下，仍然较好地完成了各项工作任务。

第二，守法经营，做好企业。企业家守法经营好企业，为社会就业提供岗位和创造税收是企业家的本职所在，也是处理好政商关系的根本。正如柳传志所说，作为企业家，我们要做实事，如把企业做得更大、招收更多雇员为社会解决就业、让雇员享受更好的待遇、多做一些公益活动、将社会风气带动得更好。《中共中央国务院关于营造企业家健康成长环境弘扬优秀企业家精神更好发挥企业家作用的意见》要求企业家自觉依法合规经营，依法治企，主动抵制逃税漏税、走私贩私、污染环境、侵犯知识产权等违法行为。

第三，参与社会活动。企业家要量力而行，根据自己在时间、精力和财力的实际情况从实际行动上参与一些政府倡导的组织和活动来保持与政府的沟通，如行业协会、政协和慈善活动等。通过这些渠道和活动，企业家可以及时了解政府有关信息和向政府反映企业所需要的支持，并懂得充分利用政府提供的资源为企业的发展添砖加瓦。如果企业还没有走上正轨，企业的日常经营管理还需要企业家劳心劳力，而企业家却将大部分时间和精力用于与政府搞关系，那么最终会得不偿失。将企业经营好不仅是企业家的基本职责，而且也是企业家参与社会活动的前提基础。

在参与社会活动方面，看中国当今具有影响力的两间电子商务公司的创始人刘强东和马云是如何及时积极配合政府的。2017年11月24日，刘强东在自己的微博发了一张名片，他变成了河北省阜平县平石头村名誉村主任，并配文说"今天终于实现了儿时的梦想"。2017年12月1日，马云带着自己的36位合伙人，出现在阿里巴巴脱贫基金成立仪式上。而上一次这么多合伙人一同出现，还是2014年阿里巴巴在纽约交易所上市的时候。马云在发布会上说："我们公司对于党的十九大文件的学习可能比任何一家公司都认真。"党的十九大开幕时，马云在海外出差的途中，专门学习了十九大报告。"我学这个就是为了问一个问题，我们为落实十九大政策可以做点什么？""十九大提出到2020年的脱贫计划，要实施乡村振兴计划，这是阿里巴巴应该做的，也是必须做的，这与我们的商业利益相吻合，更与我们的战略目标相吻合。"
跟着，阿里巴巴宣布，未来 5 年投入百亿元脱贫。

2. 懂政治的企业家才能把握经商之道

民族资本家虞洽卿认为，商人不问政治，无以把握商业之船的航向，但是，倘若陷得太深，则会被时政所害。因此，一个成功的企业家不但善于经营企业，而且应该善于处理好与政府之间的关系。做一个能懂政治的企业家是经商之道的必备要素。在这方面，明代富豪沈万三（1330～1376 年）是一个既得益于政治又败于政治的典型案例。

沈万三，吴兴南浔（今浙江湖州）人，元末明初巨富。沈万三经商有道，技巧高超，通过垦殖而积累原始财富，接着善于利用别人的金钱，并大胆地"竟以求富为务"，开展对外贸易活动，扩大资本。从而使他迅速成为"资巨万万，田产遍于天下"的江南第一豪富。沈万三就是以贸易中赚下的一部分钱购置田产，所以说，沈万三是以垦殖为根本，以分财为经商的资本，大胆通番，而一跃成为巨富。

沈万三发迹后，因资助张士诚起义，为日后埋下祸根。张士诚领兵起义时，作为首富的沈万三带领江南的富商大量地捐钱捐物资助张士诚，从而使张士诚最终建立了大周国，当上了皇帝。沈万三主要对张士诚做了三件事情：一是沈万三多次为张士诚的官兵发放犒赏，从而解决了巨大的军费开支；二是沈万三利用自己从事过海外贸易的航海经验，以实际行动支持张士诚暗中投靠元朝，每年都帮张士诚偷运十多万石粮食到北方元朝的国都；三是沈万三为巩固自己在张士诚眼中的地位，不惜把自己的女儿嫁给了张士诚做老婆，沈万三自然也获得了很多敛财的特权。从此，沈万三借势一跃成为海外贸易、地租、高利贷、丝绸业等方面的大鳄，财源滚滚来，一时富甲一方，人称

"江南财神"。

天有不测之风云，在朱元璋派兵攻打张士诚时，张士诚据城死守，朱元璋屡攻不下，以致朱元璋对江南地方豪绅给张士诚的支持非常嫉恨。也正是因为如此，埋下了朱元璋对苏州城和沈万三秋后算账的伏笔。1368 年，朱元璋的大军终于灭掉了张士诚、陈友谅、方国珍等的军队，开始登基称帝，建立了大明王朝。朱元璋称帝后，他极度憎恨这些为张士诚出力的江南富豪，于是便格外加重了江南一带的税赋，又命苏州的一些富民徙居濠州，没收了沈万三的大批田地为官田。后来朱元璋在建造南京城墙时面临着严重的资金不足，沈万三上书自请出资"助筑都城三之一"，希望破财挡灾。虽然沈万三倾尽了全力帮修城墙，但朱元璋并未解当初的心头之恨，最终把沈万三全家发配到了云南。沈万三名下家产也被没收。

沈万三被发配到云南时，已经年过六旬，生活和社会地位与原来形成了巨大反差，简直是从天堂跌到了地狱，使他深受打击。庆幸的是他并未完全消沉，利用茶马古道重操旧业，继续经商。虽然是无奈之举，但这又使他重获生机。最终，沈万三于 1394 年客死异乡。后来他的子孙将他的尸骨运回周庄埋葬。

沈万三在张士诚时代依靠政治而富上加富，敛财无数，但正所谓"祸兮福之所倚，福兮祸之所伏"，却在朱元璋时代因此而带来了灾难。号称江南第一豪富的沈万三一生大起大落，确实令人嘘唏。

现在的周庄依然可寻觅到沈万三当年的足迹。

第四章

历史上的中国企业家典范

　　中国在历史上一直存在"重农抑商"的思想，自工商业产生以来，商业在职业上按"士农工商"被排在了最后。虽然如此，但由于工商业对社会经济和政治的影响具有不可替代的重要作用，所以历朝历代的统治者实际上并没有轻视工商业，只不过是歧视这一行业的从业人员而已。无数历史事实证明，工商业不仅可以为个人提供一条致富途径，而且可以为统治者稳定政权提供经济支持。事实上，这个行业在各个朝代都不乏腰缠万贯、富可敌国的富豪商贾，也留下了一个个具有传奇色彩的财富故事。

一、古代商人典范

　　尽管中国古代"重农抑商"，商贾在社会上的地位较低，可是商业仍然是致富最快、极富有魅力的一个行业，以至于每朝每代都会出现几位传奇性的巨贾，他们腰缠万贯、富可敌国。在这些大商人中，王亥、范蠡、子贡、吕不韦、伍秉鉴的故事更具典范意义，他们所经历的财富故事给后人留下了许多值得品味、值得思索、值得借鉴、值得发扬的东西。

1. 中国商业创始人王亥

　　王亥（公元前 1854~前 1803 年），夏朝时期商丘人，商族，阏伯的六世孙、冥的长子。王亥是王姓始祖。王亥的父亲冥被夏朝君主派去黄河治水，王亥早年随父亲到黄河协助治水并立了大功。其父亲在夏杼十三年身亡后，王亥便成为了商族的第七任首领。

　　王亥的祖先懂得圈养马匹，并发明了用马拉车驮物的运输工具，使其成为了重要的运输方式。到了王亥做部落首领的时候，马的使用陷入了困境。因为那时候的马是从西北的地方迁来的，并不适应中原的生活环境，而且马的劳役很重，饲养起来又困难，导致马匹的数量逐渐减少，不能满足用来拉车、运货和作战的需求。面对这一问题，王亥想如何才能让牛代替马来拉车呢？经过摸索，他想到了把牛的鼻子弄穿，然后拴上绳索就可以将牛驯服的办法。这就是史书上所说的"王亥服牛"的故事。也许令王亥意想不到的是他发明的这一简单方法竟被沿用了 3800 多年，一直到今天人们依然在使用。

牛被驯服后，能代替马拉车、驮物。这一发明不仅使当时人类的运输能力如虎添翼，而且使人们对运输工具又多了一个选择。虽然牛走路的速度不及马快，但牛在饲养和使用方面却相对比马容易。王亥重视畜牧业，不仅养猪，还训养马、牛。商族部落的农业和畜牧业快速地发展起来，既极大地改善了人们的生活，又推动了社会的进步。马、牛车能作为运输工具，在为交通提供了便利使人们的活动范围扩大的同时也能促进贸易的发展。王亥也因此受到族人的尊敬。

商族部落在王亥的领导下也迅速变得强大起来，他们生产的产品也有了剩余。于是王亥与四周部落进行以物易物的商业贸易活动，发展了贸易业，有效地缓解了农牧产品过剩的情况。商族人开拓了历史先河，首先使用马、牛驾车外出交易和游历，他们的产品也较其他部落先进，经济也率先发展起来。随着商族部落的日渐强盛，开始向北发展，势力扩展到黄河以北。不幸的是一次王亥到今河北省易县一带与有易国之君绵臣交易时被杀，王亥的随行人员被赶走，货物也被掠夺。后来王亥的儿子上甲微为父亲报仇，借助另一个部落河伯的力量灭掉了有易氏，并杀了绵臣。

继王亥之后，商族人依然沿其传统，利用牛车和马车到各部落进行交易，并逐渐形成了专门从事到远方贩运货物的商人群体。由于这些从事贸易的人原来都来自于商部落，其他部落的人就称他们为"商人"。虽然后来其他部落的人看到贸易这个行业有利可图，也逐渐加入这个行列，但"商人"这一称呼并未改变，而且一直沿用至今。商人所从事的交易活动就是"商业"活动。而作为商部落最早进行贸易活动的王亥，被后人誉为"商业"始祖。所以现今的河南商丘也就成了中国"商族""商人"和"商业"的发源地，各地商人也不远千里纷纷来到商丘祭祀华夏商祖王亥，以祈求商祖能够保佑他们财运亨通、生意兴隆。

王亥的经商之道在于"诚信""仁义"。在与各国的交易中，王亥坚持以诚信为本，平等交易。根据史料记载，与商国经常交往的有一个诸侯国叫葛国。葛国是个小国，社会落后，资源贫乏，老百姓所需粮食一直不足。商国一直向葛国提供粮食，平等进行各种交易。有一年葛国遭遇天灾大旱，地里庄稼颗粒无收，老百姓连树皮、草根都快吃光了。葛国国君到商国向王亥求援，恳求商国多运送些粮食到葛国，并愿意拿出比原来高出一倍的物品交换。王亥说："您是商国的老朋友了，我们不能见死不救，更不能乘人之危敛物。"王亥除了继续以原定的物品与葛国交换粮食外，还多提供了些粮食援助。事后，葛国国君向王亥送书一封，其中写道："葛国愿与商国世代交好，永结同盟。"

郭沫若在《中国史稿》中写到，王亥"服牛乘马，以为专利，这样就促进了农业生产的发展，形成农、牧结合的经济，使这个部落很快兴旺起来，农业的发展促进了农业和畜牧业的分工，农业和手工业的分工也相应地扩大了。因此，商人与其他部落之间的交换也是比较活跃的。王亥的时候，开始利用牛作为负重的工具，在各部落间进行贸易"，这是郭沫若对"相土乘马，王亥服牛"深远意义的高度评价。从简单的以物易物发展到复杂的商品贸易，其漫漫脉络也就在这里找到了源头。王亥经商很大程度上推动了中华商文化文明播撒天下的进程。

2. "商圣"范蠡

范蠡是何许人也？或者有人觉得陌生，但越王勾践卧薪尝胆、中国古代四大美女之一的西施和"飞鸟尽，良弓藏；狡兔死，走狗烹"，这些故事即使不是耳熟能详，也应略有所闻。或许令人想象不到的是这一切都与范蠡有关，我们可以通过这些故事来认识他。

范蠡（公元前536~前448年），字少伯，华夏族，春秋时期楚国宛地三户（今河南淅川县滔河乡）人，是春秋末期著名的政治家、军事家、商人、经济学家和道家学者。他被后人尊称为"商圣"，是"南阳五圣"（"谋圣"姜子牙、"商圣"范蠡、"科圣"张衡、"医圣"张仲景、"智圣"诸葛亮）之一。

公元前494年，勾践不听范蠡劝谏，执意出兵攻打吴国，越国在会稽山遭遇大败。范蠡劝勾践答应吴国的任何条件以求保全性命，日后再图东山再起。根据吴越双方议和的条件，越王勾践将要带着妻子到吴国去当奴仆，范蠡自愿陪同勾践夫妇在吴国为奴三年。勾践回国后，范蠡全力协助他复兴国家。他主张"强则戒骄逸，处安有备；弱则暗图强，待机而动"。勾践还听从范蠡的计谋，为了腐化吴王夫差而献上美女西施。越国经过近20年的卧薪尝胆，随着国力的强大，范蠡建议勾践兴兵伐吴。公元前473年，越王勾践灭了吴国，报了当年一箭之仇，吴王夫差被迫自杀。

范蠡在帮助越王勾践成就霸业后，并没有贪图功名利禄，而是选择了功成身退，立刻离开了越国。他给昔日同僚文种写信说："蜚（同'飞'）鸟尽，良弓藏；狡兔死，走狗烹。越王为人长颈鸟喙，可与共患难，不可与共乐。子何不去？"意思是告诫文种，越王是属于过河拆桥这类人，与他只能共患难而不能共富贵，尽快离开是上策。文种在收到信后便称病不上朝，但最终未能逃脱被赐死的命运。范蠡的提早洞悉，足见其超乎常人的人生智慧！传说范蠡离开越国时是与西施"同泛五湖而去"，一起出走过上了隐居的生活。

后来，范蠡辗转来到齐国海边，化名为鸱夷子皮，继续过着隐姓埋名的生活。日子安定后，范蠡一面耕作，一面捕鱼、晒盐，开始做买卖。他坚持公平买卖，货真价实，及时捕捉市场信息，经营有方，很快积累了千金家财。

而且他仗义疏财、乐善好施，名声远播。齐王请范蠡做相国治理国政。范蠡任职三年，齐国经济得到发展。此时，范蠡又一次急流勇退，向齐王请辞，然后散尽家财给知己和老乡，举家再次漂泊。范蠡第三次迁徙至交通要地陶（今菏泽定陶区）。凭借其商业天赋，不久，范蠡又成为腰缠万贯的富商，并自号"陶朱公"。

范蠡的人生经历了从官到商再到官，然后又回归到商的一个变化。范蠡辅助越王勾践复国，并最终灭掉了吴国，不仅体现出他的政治才能，而且也展现出了他的军事思想才能。他还曾担任齐国国相，在经济上，范蠡有治国理财的实际经验，他提出的"农末俱利"的价格政策和"平粜齐物"的经济主张对后来有重要的理论意义和实践意义。范蠡在经商上取得的奇迹就是十九年三次经商成巨富，又三散家财。《史记》中记载"累十九年三致金，财聚巨万"。他的经商思想是薄利多销，选择经商环境，把握有利时机，贵出贱取，合理地贮存商品，加速资金周转。范蠡从实践中总结出来的经商思想，对后人都有很大的影响。范蠡也是道家思想的实践者和传播者，在长期的政治、军事和商业活动中对老子思想加以运用和创新发展。范蠡能做到忠以报国、智以保身、商以致富，可谓千古奇人。

范蠡最后老死在陶地，享年大概 88 岁，世人称他为陶朱公。范蠡墓位于山东省菏泽市定陶区往东北的一个叫崔庄的小村落。

有人总结范蠡的经商之道八字商训如下：把握行情，"人取我予"；让货等人，"待乏贸易"；诚信经商，"不求暴利"；因地制宜，多种经营；注重质量，不图侥幸；埋头苦干，劳动致富；尽散其财，富好行德。由此可见，功勋、财富，范蠡一个都不少，就连种田、经商也能样样成功。这样的人不愧为"治国衣臣、兵家奇才、华商始祖"。司马迁深为范蠡这种超然物外的境界所折服，故称赞其"富好行其德"。

3. 儒商鼻祖子贡

孔子桃李满天下，在七十二弟子之中，有一个复姓端木字子贡（公元前520~前456年）的卫国（今河南鹤壁市浚县）人，能言善辩，有着卓越的外交天赋，是孔子的得意门生。孔子曾以"瑚琏之器"来比喻他特别有才能，可以担当大任。子贡和孔子还有一段大家熟识的对话，子贡问曰："孔文子何以谓之文也?"子曰："敏而好学，不耻下问，是以谓之文也。"子贡在25岁时拜孔子为师。在众弟子中，孔子与子贡的关系非同一般。子贡钦佩和崇敬孔子，到处宣扬孔子的道德风范和学术思想，是孔子及其学说的宣传者和捍卫者。孔子死后，弟子守孝，长达三年。三年后，他们才告别老师。临行之际，抱头痛哭。只有子贡，独自守墓，又是三年。子贡独自守墓六年，体现了子贡对孔子的特殊感情。

因为子贡通达事理，能言善辩，是卓越的社会活动家和杰出的外交家，所以他才会被鲁、卫等国聘为相辅。正因为他有政治才能，他才会在出使齐、吴、越、晋四国的外交活动中得心应手，获得圆满成功。

子贡是富二代，出身于商人家庭，20余岁继承祖业开始经商。子贡经营商业成就斐然，"家累千金"，富可比"陶朱公"，是孔子的弟子中的首富。他把儒家思想在经商上学以致用，诚信经营，富而不骄，坚持"君子爱财，取之有道"。《史记·货殖列传》共记载了17个人的经商活动，将子贡列在第二位。子贡是一位有学识的商人，诸侯不但需要他的货物，也需要他的政治见识和才学。经商成为他宣传政治主张和实现外交才干的重要条件。《史记·货殖列传》记载："子贡结驷连骑，束帛之币以聘享诸侯。所至，国君无不分庭与之抗礼。"越王勾践甚至"除道郊迎，身御至舍"。子贡通过经商居于如此显赫地位，因而成为孔子的代言人和杰出的外交家。

子贡在学问、政绩、经商等方面的卓越成就有目共睹，他杰出的才能将儒学在官、商中运用到极致，在史上可谓凤毛麟角，不愧为儒商之祖。子贡死后，葬于祖籍（今浚县大伾山东南张庄）。

后人总结子贡的经商之道有这样五条：善于学习；善于沟通；了解市场行情；重情重义，讲究诚信；经营有道。子贡所独有的才能不但使他成为儒商鼻祖，更使他成为中国历史上的第一个"通人"，从而达到了亦官亦商，亦儒亦商的最高境界。可以说子贡是我国历史上最早的儒、官一体的儒商。

4. 风险投资业鼻祖吕不韦

吕不韦（公元前 292～前 235 年），姜姓，吕氏，名不韦，卫国濮阳（今河南省安阳市滑县）人。战国末年著名商人、政治家、思想家，官至秦国丞相。商人投资商品谋利，在商言商，无可厚非，但将人当作商品来投资，并且对中国历史产生改变，那绝对是件罕见的事。这世上无奇不有的事就偏偏发生在春秋战国时期的吕不韦身上。

赵国位于各诸侯国的交通要道上，在地理上处于六国直接面对强秦的桥头堡，战国的政治风云变幻，邯郸发展成为各国进行情报活动和合纵连横的重要基地。在这里，各国使节和商贾名人云集，经济比较发达。于是吕不韦来到了赵国，打算在赵国经商。吕不韦善于观察市场变化，采取囤积居奇、贩贱卖贵，以低价买进、高价卖出的经营手段获利。他还通过拓展人脉资源关系来寻找商机，与赵国的达官贵人来往密切，不但能抬高自己的社会地位，还能给自己带来很多做生意的机会。不久就积累起千金的家产，成为赵国富豪。

令吕不韦成名的，不是因为他是一代富豪，而是因为他帮助正在赵国当人质的秦国王孙嬴异人继位的事。吕不韦不仅具有独特的商业眼光，而且胆大过人。凭借多年的商场经验，他认为当时在赵国当人质的秦国王孙嬴异人"奇货可居"，意思是像一件奇货，可以囤积居奇，以待高价售出。如果异人能登上王位，将会给吕不韦带来远高于经商的获利回报。于是他将异人当作一件商品来苦心经营。皇天不负有心人，异人终于成为秦庄襄王。公元前249年，吕不韦被封为相国，食邑河南洛阳十万户，门下有食客3000人，家僮万人。庄襄王去世后，年幼的太子政被立为王，吕不韦为相邦，号称"仲父"，权倾天下。吕不韦主持编纂《吕氏春秋》，有八览、六论、十二纪共20余万言，汇合了先秦各派学说，"兼儒墨，合名法"，故史称"杂家"。书成之日，悬于国门，声称能改动一字者赏千金。此为"一字千金"。

吕不韦任秦国相邦十三年。执政时曾攻取周、赵、卫的土地，立三川、太原、东郡，对秦王政兼并六国的事业有重大贡献。后因嫪毐集团叛乱一事受牵连，被免除相邦职务，出居河南封地。不久，秦王政复命让其举家迁蜀，吕不韦饮鸩自尽。

吕不韦传奇一生，最终落得这一结局，可谓"成也萧何，败也萧何"。经商与政治不能混为一谈，短期的成功并不代表长久。吕不韦将政治投资作为商业投资，确实成功了，并且也得到了远高于经商的回报，但最终也败于政治。在那个专制时代，如果经商失败顶多是倾家荡产，而搞政治失败则会家破人亡，甚至株连九族。政治的风险性并不是商业风险可比的。

从经商角度来讲，吕不韦所说的"奇货可居"，时至今日已经成为风险投资所必须遵循的基本原则。他的气魄之大、信心之强、眼光之远、心计之深、创意之妙、谋划之秘、办法之多、预见之准、收益之丰，都可谓前无古人，后无来者。说他是古今中外第一风险投资商，一点也不为过。

5.19 世纪中国的世界首富伍秉鉴

伍秉鉴（1769～1843 年），又名伍敦元，祖籍福建。其先祖于康熙初年定居广东，开始经商。到伍秉鉴的父亲伍国莹时，伍家开始参与对外贸易。1783 年，伍国莹迈出了重要的一步，成立了怡和行，并为自己起了一个商名叫"浩官"。该商名一直为其子孙所沿用，成为 19 世纪前期国际商界一个响亮的名字。2001 年，美国《华尔街日报》统计了 1000 年来世界上最富有的50 人，有 6 名中国人入选，伍秉鉴就是其中之一，而且又是唯独以纯粹的商人身份入选，所以伍秉鉴也是人们最关注的焦点。今天广州的十三行依然保留当年的古迹，从中可以感受到当年的繁华景象。这里就是伍秉鉴的发迹之地。

1757 年（乾隆二十二年），清朝下令实行闭关锁国政策，仅保留广州一地作为对外通商港口。这一重大历史事件，直接促使广州十三行成为当时中国唯一合法的"外贸特区"，从而给行商们带来了巨大的商机。在此后的 100年中，广东十三行竟向清朝政府提供了 40%的关税收入。所谓的"十三行"，实际上只是一个统称，并非只有 13 家，多时达几十家，少时则只有 4 家。由于享有垄断海上对外贸易的特权，凡是外商购买茶叶、丝绸等国货或销售洋货进入内地，都必须经过这一特殊的组织。广东十三行这个商人群体迅速崛起，与两淮盐商、晋陕商人一起，被后人称为清代中国的"三大商人集团"。

1801 年，伍秉鉴从父亲手中继承了十三行中的怡和行，开始了其长达 40余年的外贸代理生涯。在产业经营方面，伍秉鉴不但在国内拥有地产、房产、茶园、店铺等，且其投资活动并不仅限于中国，伍秉鉴是个商业奇才，在他经营怡和行时，同欧美各国的重要客户都建立了紧密的联系。他既是中国封建社会的官商，又懂得依靠西方商人的贸易发财致富。1834 年以前，伍家与英商和美商每年的贸易额都达数百万银元。伍秉鉴还是英国东印度公司最大的债权人，东印度公司有时资金周转不灵，常向伍家借贷。东印度公司负责人在每年结束广州的交易前往澳门暂住时，总是将大量的存款和金银交给伍秉鉴保管。正因为如此，伍秉鉴在当时西方商界享有极高的知名度，一些西方学者更称他是"天下第一大富翁"。1813 年，怡和行终于被列为总商之魁，登上首席商行的位置，取代同文行成为广州十三行的领头人——总商。此后数十年，伍秉鉴一直居于行商的领导地位。

伍秉鉴参与美国的证券和铁路建设的投资。在他多方面投入的同时，也为自己换来了更多的收益，使他成为一位名副其实的跨国财团首领。另外，伍秉鉴还凭借自己雄厚的财力笼络其他行商。从 1811 年起，伍家就利用其雄厚资金，协助英商公司向濒于破产的大多数行商进行放债，其债款数额就高达二百余万元，使大多数资金薄弱的行商都愿意听从伍家的安排。因而，怡和行也逐渐成为一个令人敬仰和羡慕的大型跨国财团。

为投资眼科医院，伍秉鉴捐出 10 万银元建立医局。他所创办的医局不收取任何医疗费用，医局逐渐成为初具规模的西医院，并正式命名为博济医院，此名沿用至今。虽然伍秉鉴的这次投入没有任何利润，但他因此获得了极高的声誉，使他在以后的商业活动中更加顺利，并被载入了中国的史册。

伍家所积累的财富更令人吃惊，据 1834 年伍家自己的估计，他们的财产已有 2600 万银元（相当于今天的 50 亿元人民币），而在这个时期的美国，最富有的人也不过 700 万美元资产。在西方人的眼中，伍氏商人就是当时世界上最富有的商业巨头。建在珠江岸边的伍家豪宅，据说可与《红楼梦》中的大观园媲美。

1840 年 6 月，鸦片战争爆发。尽管伍秉鉴曾向朝廷捐巨款换得了三品顶戴，但这丝毫不能拯救他的事业。由于与英国鸦片商人千丝万缕的联系，他曾遭到林则徐多次训斥和惩戒，他不得不一次次向清政府献出巨额财富以求得短暂的安宁。《南京条约》签订后，清政府在 1843 年下令行商偿还 300 万银元的外商债务，而伍秉鉴一人就承担了 100 万银元。1843 年 9 月，风烛残年的一代世界首富伍秉鉴，溘然长逝，终年 74 岁。十三行的垄断地位与他一起消失了。后来，英国人把他同林则徐的蜡像一同陈列在伦敦名人蜡像馆里，但在中国，他的名字却少有问津。

以义取利是伍秉鉴的为商之道。商誉就是市场，宁可忍一时利益之痛，也要大力树立自己的商誉，保证长期的持久利润和品牌信誉。伍秉鉴在用中国传统商道运作商行，缺乏制度支撑和规则意识。伍秉鉴不自觉地涉足了现代意义上的金融行业，却缺乏自省，不能转变传统商业观念，未能在制度上有所创建。一代人有一代人的使命和局限，伍秉鉴也脱离不了时代的束缚。同时代的商人大多在义与利之间挣扎，伍秉鉴的区别在于其拥有巨大的财产且可以收放自如。

作为一名在夹缝中生存的政商和利用特权获得成功的末代商人，伍秉鉴的名字在今天已经鲜为人知。后世人多不待见伍秉鉴，其中种种评价，贬多褒少。可是回到那个时代，又有几个商人能走出和伍家不一样的道路？那个时代的商人所能达到的最高境界，伍秉鉴已经达到了。伍秉鉴去世后，岭南名士谭莹为其撰写碑文："庭榜玉诏，帝称忠义之家；臣本布衣，身系兴亡之局。"美国人亨特曾写道："这位举世闻名的公行最后的头人，与拿破仑、威灵顿一样都生于 1769 年。"能与拿破仑、威灵顿相提并论，也确实够有名气。

二、叱咤风云的红顶商人

所谓"红顶商人"，是指政府里的官员同时拥有商人的身份，兼具政府官员和商人两个角色的人，也是"官商"。后来"红顶商人"被用来指在官场和商场两面得意者。在当代，"红顶商人"一词更泛指本身不具有官员身份，但与政府高层关系良好，能够影响政府政策的企业界人士。"红顶商人"的称谓来源于清朝，因为清朝官员的帽顶一般是红色的圆锥样。清朝"红顶商人"的典型代表人物有王炽、胡雪岩和盛宣怀。虽然这个称谓起源于清朝，但实际上"红顶商人"在清朝之前就已存在了。

1. 一品红顶商人王炽

王炽（1836~1903年），云南弥勒县人，是清朝唯一的一品红顶商人，也是中国历史上唯一的一位"三代一品红顶商人"，被称为"钱王"，晚清名臣李鸿章曾称其为"犹如清廷之国库也"。英国《泰晤士报》曾对百年来世界最富有的人进行统计，排在第四位的是王炽，而且是唯一榜上有名的中国人。

由于父兄早逝，家境窘迫，年少的王炽不得不辍学，拿着母亲变卖首饰和衣物凑得的20两银子，出门学做生意。他从家乡弥勒虹溪购土布挑到竹园、盘溪贩卖，又把那里的红糖购回销售。凭着勤劳和机敏，王炽不久就积攒得一百多两银子。于是，他扩大经营范围，组织马帮，往返贩运土杂百货于临安（今建水）府属各县和泸西、师宗、丘北之间。在王炽20岁时，他已在滇南一带小有名气，人称"滇南王四"，他的马帮生意也越做越大。随着业务的发展，王炽决定在重庆开创"天顺祥"商号。从此"天顺祥"这一商号，渐渐发展到全国。后来，王炽在昆明创立"同庆丰"商号，并改组"天顺祥"，以"同庆丰"为总号，"天顺祥"为分号，"同庆丰"因汇兑业务信用好而成为民间和官府承办汇兑的首选，并在国内各大城市逐步增设分号，成都、汉口、九江、南京、上海、贵阳、广州、承德、北京等当时全国22个行省中的15个行省都有设置，鼎盛时期在越南、马来西亚以及我国香港也设有办事机构。被誉为"执全国商界牛耳"的云南金融业的开山鼻祖，成为与山西派"北帮票号"共同称雄的"南帮票号"。自此，全国各商行或私人往来汇兑，均可在沿途钱庄凭票取款，"同庆丰"每年经办的各省之间及上缴朝廷款项就有数百万两白银。

经营上王炽善于借鉴先进经验，创新管理模式，但个人生活却富而不奢。诚信与德行使其成为商界楷模。王炽的成功不仅是靠经商有道，更重要的是凭着超人的胆略，与官府互惠互利，借助官府的力量作为政治靠山而生财，在官员唐炯的支持下，王炽开办票号、代办盐运、办矿业而大获其利。

王炽不是一个唯利是图的市侩生意人，而是一个具有爱国主义精神和热心慈善公益事业的商人。在1883年爆发的"中法战争"中，王炽慷慨资助数目巨大的军饷。事后，因为王炽的义举，其本人不仅被清王朝诰封为"资政大夫，二品顶戴候选道"的官衔，而且他的生意也因此受益，"同庆丰"商号在全国的知名度大增，从而带动了业务量的剧增。还有在1900年，"八国联军"侵略北京时，慈禧和光绪从北京逃往西安，西安"天顺祥"提供接济。慈禧因此对王炽大为赞赏，还下旨召见，可惜王炽当时已经生病不能赴京。王炽还乐善好施，资助修路筑桥、兴修水利，造福一方。

1903年，68岁的王炽在其创立的昆明"同庆丰"商号内溘然与世长辞，后归葬故里。"同庆丰"总号和"天顺祥"商号由其长子王鸿图接掌。作为晚清赫赫有名的巨商之一，云南弥勒人王炽的一生充满了传奇色彩。王炽一生以利聚财，以义用财，以儒治商，爱国忠君，以惊人的经商天赋和不懈的努力，终于成为一代"钱王"。虽然如今王炽的知名度不如胡雪岩响亮，但王炽的人生结局与其他红顶商人相比，算是最好的。

2. 一代红顶商人胡雪岩

胡雪岩（1823~1885年），本名胡光墉，幼名顺官，字雪岩，出生于安徽徽州绩溪，13岁起便移居杭州。中国近代著名红顶商人，政治家，徽商代表人物。

胡雪岩能成为一代红顶商人，是属于白手起家一类。幼年时候，他家境十分贫困，12岁那年，父亲病逝。13岁的胡雪岩就开始孤身出外闯荡，先后在杭州杂粮行、金华火腿商行当过小伙计，到杭州"信和钱庄"当过学徒。从扫地、倒尿壶等杂役干起，三年师满后，就因勤劳、踏实成了钱庄正式的伙计。19岁的胡雪岩被杭州阜康钱庄于掌柜收为学徒，于掌柜没有后代，把办事灵活的胡雪岩当作亲生儿子。于掌柜弥留之际，把钱庄悉数托付给胡雪岩。在此基础上，胡雪岩日后的生意借助与官府的关系成为一代著名的红顶商人。胡雪岩的生意主要有两类：一类是借助政商关系的"特殊"生意，如为政府采购军火、机器、筹措外资贷款等；另一类则是"正常"生意，如钱庄、当铺、生丝、药局等。

胡雪岩在事业上大展宏图，主要与两位官员相关，一位是王有龄，另一位是左宗棠，胡雪岩也因此开启了亦官亦商的生涯。清道光二十八年（1848年），时年26岁的胡雪岩资助500两银钱给"候补浙江盐大使"王有龄从政仕途。后王有龄如愿以偿。胡雪岩借助王有龄的关系创办丝行、开办药店、办粮械、综理漕运等业务，生意日益红火。但天有不测风云，王有龄因与太平军作战失利而自缢身亡。胡雪岩虽顿失依靠，但凭其在生意场上打滚多年与官府交往所积累的关系，很快就得到了时任浙江巡抚左宗棠的信赖，被委任主持杭州城解围后的善后事宜及浙江全省的钱粮、军饷，使阜康钱庄因此大获其利，也由此走上官商之路。随着与左宗棠合作关系的深入，胡雪岩的票号开进杭州，专门为左宗棠筹办军饷和军火。依靠湘军的权势，在各省设立阜康票号 20 余处，同时兼营药材、丝茶。1866 年，胡雪岩协助左宗棠在福州开办"福州船政局"，成立中国历史上第一家新式造船厂。1877 年，胡雪岩帮左宗棠创建"兰州织呢总局"，是中国近代史上最早的一所官办轻工企业。1881 年，胡雪岩因协助左宗棠收复新疆有功，被授予布政使衔（三品），赏穿黄马褂、官帽上可佩戴二品红色顶戴。左宗棠由于西征的胜利从此名垂青史，胡雪岩也借此成为了一代著名的"红顶商人"。

发迹后的胡雪岩虽已成为巨贾，但没有为富不仁。他热心于公益事业，设立粥厂、善堂、义塾，修复名寺古刹，收殓了数十万具暴骸；恢复了因战乱而一度终止的牛车，方便了百姓。1878 年，开办了留传至今的胡庆余堂中药店，以图济世救人，赢得了"江南药王"的美誉，与北京的百年老字号同仁堂南北辉映，有"北有同仁堂，南有庆余堂"之称。更鲜为人知的是，在轰动朝野的杨乃武与小白菜一案中，他利用自己的声誉活动京官，赞助钱财，为此案最终昭雪立下了汗马功劳，并借此案使他的义声善名更加深入人心。他还多次向直隶、陕西、河南、山西等涝旱地区捐款赈灾。从中可见他行侠仗义的仁厚之心。胡雪岩的拳拳爱国之心除了体现在协助左宗棠收复新疆外，他还两赴日本，高价购回流失在日本的中国文物。

胡雪岩并非一帆风顺。1882 年，胡雪岩在上海开办蚕丝厂，耗银 2000 万两，生丝价格日跌，企图垄断丝茧贸易，却引起外商联合抵制，从而掀起了百年来中国企业史上第一场中外大商战。不幸的是在这场商战中，胡雪岩最终落败，并引发资金危机，使他苦心经营多年的商号轰然倒塌，因债务问题还被官府抄家。1885 年 11 月，胡雪岩在悲愤中郁郁而终。终其一生，他以仁义经商，以图强国、济世救人，却又一生跌宕起伏，最终一贫如洗。如此结局，确实令人唏嘘。

3. 中国实业之父盛宣怀

盛宣怀（1844 年 11 月 4 日~1916 年 4 月 27 日）出生于江苏常州，死后归葬故里江阴。清末官员，秀才出身，官办商人、买办，洋务派代表人物，著名的政治家、企业家和慈善家，被誉为"中国实业之父""中国商父"和"中国高等教育之父"。

盛宣怀在 1870 年协助李鸿章办洋务并受到赏识，从此开启了他轰轰烈烈的红顶商人事业。盛宣怀先后帮助李鸿章、张之洞"佐理"洋务，获授商务大臣、邮传部尚书等高级官衔，几乎总揽了关系到中国经济命脉的多家洋务企业。正是由于盛宣怀拥有这些资源，加上他独到的眼光，创造了 11 项"中国第一"：1872 年，创办了中国第一家民用股份制企业轮船招商局；1880 年，创建了中国第一家电报局——天津电报总局；1886 年，创办了中国第一家山东内河小火轮公司；19 世纪 90 年代后期，建成了中国第一条铁路干线卢汉铁路；1897 年，在上海外滩开办了中国第一家银行中国通商银行；1908 年，成立了第一家钢铁联合企业汉冶萍公司，是中国第一家钢铁煤联合企业；1897 年，开办了中国第一所正规高等师范学堂南洋公学（今上海交通大学）；1902 年，创办了第一家勘矿公司——中国勘矿总公司；1895 年，成立了第一所近代大学北洋大学堂（今天津大学），是中国近代史上第一所官办大学；成立了第一座公共图书馆；创办了中国红十字会。

盛宣怀一生经历传奇，成就不凡，创办了许多开时代先河的事业，涉及轮船、电报、铁路、钢铁、银行、纺织、教育诸多领域，影响巨大，中外著名，垂及后世。他热心公益，积极赈灾。

1911 年，盛宣怀策划"铁路收归国有"，引发"保路风潮"，终致"辛亥革命"爆发。盛宣怀先受到清廷"著即革职，永不叙用"的处分，后来又遭国民政府抄没家产。1916 年 4 月 27 日，盛宣怀在上海病逝。他的一生尽显中国近世商人与政治力量关系的无奈缩影。

三、商帮传奇

商帮是以地缘和亲缘为基础形成的商业组织。商帮具有地域性、亲缘关系。商帮是随着中国商业文明诞生后经历了几千年的逐步积累而形成的，崛起于明朝，至清朝达到鼎盛，随着封建社会的衰亡而没落。商帮的出现是中国商业发展史上的标志性事件。

1. 商帮概述

伴随着几百年商品经济的发展，到明清时期商品行业繁杂和数量增多，商人队伍日渐壮大，竞争日益激烈。而封建社会统治者向来推行重本抑末的政策，在社会阶层的排序中，"士、农、工、商"中商也是屈尊末位。对于商人而言，国家没有明文的法律保护，而民间又对商人冠以"奸商"的歧视。因而，在那样的年代，商人利用他们天然的乡里、宗族关系联系起来，互相支持，和衷共济，于是就成为市场价格的接受者和市场价格的制定者与左右者。同时，商帮在规避内部恶性竞争增强外部竞争力的同时，更可以在封建体制内利用集体的力量更好地保护自己，商帮在这一特定经济、社会背景下应运而生。

商帮对提升竞争力、避免内部竞争、推动社会经济发展起着积极的作用。商帮的足迹以不同规模、不同地域和不同方式遍布国内外。明清时期形成的商帮主要有晋商、徽商、粤商、秦商、鲁商、浙商、闽商等，其中规模最大、实力最雄厚的有晋商和徽商。除此之外，粤商中的潮商虽然没有晋商和徽商著名，但也是令人瞩目的一个商帮。潮商主要是指潮汕（潮州和汕头）一带的商人。潮汕地区三面背山，东南临海，海洋和海外世界是唯一的开拓方向，潮汕人依赖海上贸易，凭着向外开拓和冒险的精神诚信经营，善于经商的潮商足迹遍布东南亚、欧美等地。潮商的代表人物有中国香港首富李嘉诚、国美电器公司创始人黄光裕、腾讯公司的现任董事会主席兼首席执行官马化腾。潮商与晋商和徽商有显著的不同之处：一是晋商和徽商以内陆贩运贸易为主，而潮商则以海上贩运贸易为主。二是潮商形成于唐朝后期，兴盛于宋元明清，一直延续至今，在中国近现代史上是最具影响力和生命力的著名商帮，而晋商和徽商则随着封建社会的衰亡而衰落。三是虽然潮商未曾像晋商和徽商那样雄霸于中国商界，但潮商在世界上的声誉要比晋商、徽商强。东南亚和欧洲不少国家的华人首富多为潮商，以及遍布海内外的潮州会馆和潮汕商会就是最好的见证。四是在业务方面，晋商、徽商主要集中在国内，而潮商的业务则主要在海外，所以避免了因朝代更迭或战争而受到冲击。这也是潮商能延续至今的主要原因之一。此外，还有一些小商帮以另一种方式活跃于商界，对经济发展的贡献功不可没，他们是中国商业史的组成部分。例如，冒着生命危险的马帮常年行走于气候环境变幻莫测的中国西南崇山峻岭之间的茶马古道。他们是以家族、乡邻和宗教等关系按民间约定俗成的方式组织起来的一种民间运输团体，是茶马古道的主要运输方式。茶马古道是西南地区的民间国际商贸通道。一代又一代的马帮人凭着冒险、吃苦耐劳和诚实守信的精神，常年奔走于充满风险的茶马古道。在过去，云南的大多数商家都是靠赶马帮起家的。茶马古道兴于唐宋年间，盛于明清时期，在"二战"中后期最为兴盛。

陆路贸易通道除了"茶马古道"外，还有另外一条在西北的国际商贸走廊，也就是著名的"丝绸之路"。在沙漠戈壁滩上牵着载有布匹、丝绸、盐、面粉等货物的骆驼客，他们与马帮一样，以另类的方式为中国的商业发展作出贡献。除了陆路贸易通道外，还有专门通过内河流域和海上贸易的船帮。

商帮虽然经历了明清时期的辉煌，但最终衰落。而衰落的主要原因是规模大的商帮依托官府而获得商业特许权发财，如在金融上筹集军饷和经营盐。这些特许权随着封建政权的衰亡而消失。商人将获利资金投资土地，削减了资本的流动性，如晋商发财后盖房置地养老少。在外国资本的冲击下，没有及时变革与创新商业模式。投资回收周期长的产业，如煤矿业，而不是重点进入投资少、周转快、利润高的棉纺、面粉、卷烟等轻纺工业，致使资金大量积压，陷入困境。内乱与战争的破坏，例如，徽商经营的茶、木由于鸦片战争和太平天国运动的影响，连年亏损。曾国藩与太平军在皖南与徽州的拉锯战导致徽州十村九毁，生灵涂炭。最后是由于政权更迭，每个朝代对工商业的政策不一样，这也是导致商帮没落的主要原因。

2. 晋商及其代表人物乔致庸

晋商是指由山西商人组成的商业团体，在明清时期崛起而成为著名的商帮。晋商从事的业务有盐业、票号、丝绸、远途贸易等产业，尤其以票号最为出名。晋商雷履泰设立的"日升昌"，专门经营汇兑业务，是中国历史上的第一家票号。晋商是明清时最大的商帮，在商界活跃了500多年，足迹不仅遍及国内各地，而且还出现在欧洲、日本、东南亚、印度和阿拉伯国家。晋商留下的建筑遗产有著名的乔家大院、王家大院、常家庄园等。晋商的历史最早可追溯到先秦时期，到了明朝时候，晋商开始兴起。为了维护自身的利益和提升竞争力，晋商的商业组织开始出现。晋商的发展在清代达到了鼎盛时期，已成为国内实力最雄厚的商帮，是当时的十大商帮之首。其重要标志就是设立会馆来联络同乡感情和成为维护同行或同乡利益的商业组织。晋商成功的根源一方面在于以地域和血缘关系为纽带，凝聚本帮商人的向心力；用传统道德规范经商行为；寻求政治上的靠山，庇护本帮的经商活动。另外一个方面，也是最重要的，就是晋商家族的重要传统之一"学而优则贾"。据说晋商家族中一流二流的读书子弟去经商，三流四流的子弟才去参加科举考试，甚至出现过获得功名后不做官而从商的进士。这使得晋商的文化程度相对于其他商帮而言是比较高的，他们的经营模式也是最先进的，股份制、资本运作等现代经营方式是晋商的一大创举，也是晋商能够经久不衰的一个重要原因。

一个经商世家之所以经久不衰，正是因为晋商不仅是商人，也是有学识之人，言传身教，治商有方，并在家族内形成重教之风。但由于种种原因晋商在清朝后期和民国时期衰落了。晋商的代表人物有乔致庸。

乔致庸（1818～1907年），字仲登，号晓池，山西祁县（今山西祁县）人，乔家第三代人，乔家第四位当家人，清朝末年山西晋商的代表商人，是乔家一位出类拔萃的人物。他历经嘉庆、道光、咸丰、同治四个朝代，为乔氏家族的繁荣立下了大功。乔致庸幼年父母双亡，由兄长乔致广抚育长大。少年时期因兄长病故，在家族生意生死存亡的关键时刻，他弃文从商，开始掌管乔氏家族生意。在他执掌家务时期，乔氏家族事业日益兴盛，成为山西富甲一方的商户。其下属复字号称雄包头，有"先有复盛公，后有包头城"的说法。另有"大德通""大德恒"两大票号遍布中国各地商埠、码头。至清末，乔氏家族已经在中国各地有票号、钱庄、当铺、粮店 200 多处，资产达到数千万两白银。乔致庸本人也被称为"亮财主"。

晚年的乔致庸一改以往不治家宅的传统，于同治初年（1862 年）开始在家院附近购置地皮，大兴土木，修建了规模庞大的宅院，即著名的"乔家大院"，至今保存完好，是山西民居的代表性建筑，被专家学者誉为"清代北方民居建筑的一颗明珠"。乔致庸待人随和，讲究诚信为本、"以德经商"。乔致庸一生做出诸多善行。光绪三年天遭大旱，乔致庸开粮仓赈济灾民。光绪三十二年，乔致庸去世，终年 89 岁，他是乔家门中最长寿的人。

1952 年，最后一家"大德通"钱庄关闭。这标志着乔家一直延续了两百多年的商业传奇宣告终结。

3. 徽商及其老字号与著名家族

徽商与晋商齐名，其商业资本之巨、从贾人数之众、活动区域之广、经营行业之多、经营能力之强，都是其他商帮所无法匹敌的，在中国商界称雄数百年。

徽商是指来自徽州的商人，即古代包括歙、休宁、婺源、祁门、黟、绩溪六县的新安郡，所以也叫徽州商人或新安商人。由于大量人口从北方迁移到皖南徽州，皖南徽州人口众多，加上山多地少，所以出外经商是一条出路。明清时期徽州从事商业活动的人口很多，几乎超过了全地区人口的一大半。明清笔记体小说《豆棚闲话》描述徽州的风俗惯例，一般人一到 16 岁左右就要出门学做生意。徽商以批发和长途贩运为主，所经营的行业以盐、典当、茶叶、木为主，其次为粮食、棉布、丝绸、纸、墨、瓷器等。徽州各地经营的行业也有所区别，其中婺源人多为茶叶商、木商，歙县人多为盐商，绩溪人多经营菜馆业，休宁人多为典当商，祁门、黟县人以经营布匹、杂货为多。徽商除了从事贸易和贩运业外，还直接办实业，例如，休宁商人朱云沾在福建开采铁矿，歙县商人阮弼在芜湖开设染纸厂，他们边生产边贩卖，集工商于一身。徽商的活动范围在国内遍及大江南北，在国外远至日本、暹罗、东南亚各国以及葡萄牙等地。故有"无徽不成商"的说法。

徽州人是经商能手，他们善于分析和判断经济形势，在买贱卖贵的不等价交换中牟取厚利，大规模的长途商品贩运是徽商致富的一个重要途径，另外，囤积居奇、特权牟利、牙行制度、高利贷等，也是不少徽商致富的手段。

徽商具有吃苦耐劳、勤俭节约、执着进取、小本经营、由小到大的特点。徽商与其他商帮的最大不同，就在于"儒"字。徽州是南宋大儒朱熹的故乡，被誉为儒风独茂，因此徽商大多表现出贾而好儒的特点，他们的商业道德观中带有浓厚的儒家味。徽商以儒家文化来指导经商，信守"诚信为本、以义取利"的经营理念。徽商以儒家的诚、信、义的道德说教作为其商业道德的根本，使他们在商界赢得了信誉，这是他们经商成功的奥秘所在。

徽商商而兼士，贾而好儒。与一门心思做生意的晋商相比，追逐财富只是徽商的手段，求功名做官才是归宿。他们除把"急公议叙""捐纳"和"读书登第"作为攫取官位的途径外，还以重资结纳，以求得部曹守令乃至太监、天子的庇护，享有官爵的特权，获取"左右"朝廷政策的资本，以实现垄断市场的目的。所以自乾隆中叶后，两淮盐业几乎为徽商所垄断。一些徽商即使本人不能跻身于官僚行业，也督促其子弟应试为官，自己也就成为了官商。因此，尽管徽商把生意做得很大，却做得三心二意。从乾隆到嘉庆十年（1805 年）的 70 年间，同样在两淮经营盐业，徽商子弟有 265 人通过科举入仕，而晋商仅区区 22 人。他们致富后回报家乡，兴办社会公益事业、慈善事业。同时，荣归故里，大兴土木。

徽商老字号有张小泉剪刀、胡开文墨业、胡庆余堂药店、胡玉美酱园、谢裕大茶行、同庆楼菜馆等。徽州居民有聚族而居的一大特点，而举族经商在徽州形成了一些著名的商人家族，如歙县的汪氏家族、江氏家族、鲍氏家族，休宁的吴氏家族，婺源的朱氏家族等。这种举族上下成百上千人对商业的投入和专心，在明清时期的其他商帮中是不多见的。其中许多家庭是几代人前仆后继，勤恳敬业，潜心经商。徽商著名代表有胡雪岩。

四、民族资本家的宿命

中国的近代史处于积贫积弱、社会更替、政权更迭、列强入侵、军阀割据、社会动荡的苦难时期。有一个社会群体在推动中国经济的发展和社会进步方面起着不可磨灭的作用，他们就是民族资本家。他们通过学习西方先进的理念意识、知识技术、管理方法，运用于中国近代经济上各行各业的发展。正如毛泽东在谈到中国工业发展时曾提到有四个人不能忘记：讲重工业，不能忘记张之洞；讲轻工业，不能忘记张謇；讲化学工业，不能忘记范旭东；讲交通运输，不能忘记卢作孚。

1. 荣氏家族

荣氏家族，是以荣毅仁为代表的中国民族资本家家族。他们以实业兴国，为中国近代史写下了辉煌的一页。毛泽东曾这样评价荣氏家族，荣家是中国民族资本家的首户，中国在世界上真正称得上是财团的，就只有他们一家。

中国人民大学经济学院教授高德步评价说："从近代开始，荣家三代对中国经济的发展做出了巨大贡献。荣宗敬和荣德生兄弟创办的企业是中国民族企业的先驱；中华人民共和国成立后，荣毅仁支持中国政府的三大改造，对我国经济的发展起到非常积极的作用；改革开放以后，荣家第三代荣智健等人对中国市场经济、新兴民族企业的发展做出了重大贡献。"

荣氏企业创办初期，适逢中国民族工业的"黄金时代"，当时正处于第一次世界大战时期。辛亥革命中颁布的一些法令为民族工业的发展扫除了一些障碍。而且当时思想进步的中国人掀起了"实业救国"和"抵制洋货"的运动。这些都为民族工业的发展创造了有利的条件，许多民族企业如雨后春笋般成长起来，其中最知名、资力最雄厚、规模最宏大的民族企业集团就是荣家兄弟荣宗敬、荣德生的荣氏家族企业。

荣家祖上就有人做过大官，曾经家世显赫，但到了荣毅仁的曾祖这一辈，家道开始中落。荣毅仁的祖父荣熙泰在很小的时候就进入铁匠铺当学徒，成年后在外给人当账房先生、当师爷，勉强养家糊口。

由于家境贫寒，荣熙泰的长子荣宗敬 7 岁进私塾，14 岁到上海南市区一家铁锚厂当学徒，后因病回乡，15 岁到钱庄习业，19 岁师满后到上海森泰蓉钱庄做跑街，承担包揽生意，联系客户业务，年仅 23 岁就在上海广生钱庄任经理。弟弟荣德生以哥哥为榜样，希望早点为家庭分忧，于是弃笔从商，从无锡来到繁华的大上海。在荣宗敬的推荐下，荣德生进入上海通顺钱庄做学徒。两兄弟在后来的钱庄经营中，兢兢业业、诚信经营，不久便赚得了人生的第一桶金。后来荣德生在广东看到了面粉这一巨大的商机，于是大胆地与哥哥决定经营面粉厂，取名"保兴"，有保证兴旺之意。这是无锡历史上第二家近代企业。

17 亩地皮，4 部法国石磨，3 道麦筛，2 道粉筛，这是面粉厂的所有家当。适逢民族工业黄金时期，就在这时候，荣家的面粉产业发展迅速。荣氏兄弟性格迥异，荣德生处事慎重，考虑周密，而荣宗敬则敢于冒险，做起事来很有魄力，兄弟俩优势互补，在他们的精诚合作下荣家企业的扩张步伐在不断加快，厂房就从华东铺向了全国各地。到1921年，荣氏兄弟经营开设的面粉厂共有12家，分布于上海、无锡、汉口、济南等地，各厂面粉畅销全国。更为有利的是，"一战"进行期间，各国还反过来向中国购买面粉（"兵船"牌）。最初是俄国，其后英国、法国、菲律宾、南洋各地，甚至日本都成为我国面粉输出的对象。"一战"期间出口达80万吨，在国内外市场上享有盛誉。荣氏兄弟成为中国有名的"面粉大王"。1914～1922年的8年间，其产量占到当时全国面粉总产量的29%。这种高速度发展在世界产业史上也是非常少见的。在荣氏兄弟的带领下，许多人开始从事面粉、纺纱、火柴、毛纺织、榨油、造纸、玻璃等轻工业。

面粉厂的成功，让荣氏兄弟对实业充满了自信。1915年荣氏兄弟出资18万元，创办申新纺织公司。至1922年，申新已有4个厂，产纱锭达13万余枚，成为了一个具有相当规模的纺织企业公司。20年代的纱锭增长率甚至超过了在华拥有特权的日商纱厂。申新的"人钟"牌棉纱与"兵船"牌面粉一样，畅销于市场，成为全国闻名的棉纱之一，荣氏兄弟因此又被誉为当时的"棉纱大王"。从门面上来说，到抗战前夕，荣家的面粉厂已飙升到14家，另外还有9家纺织厂。

荣氏企业在"九一八"事变前也就是1931年达到鼎盛。至1931年，荣氏兄弟共拥有面粉厂12家、纱厂9家，分别约占全国民族资本面粉总产量的1/3，纱布总产量的1/5。不幸的是在日本全面侵华战争期间，许多工厂被日军炸毁或占有，损失总计约值3500万元，相当于战前总资产的35%，也就是说战前荣氏家族资产已达1亿元以上。而根据《东亚经济发展史》，1936年，中国 GDP 大概达 270 亿元。

后来的一件事让我们对荣氏的资产有了一个确定的概念。那是在 1948 年 11 月，荣宗敬的长子荣鸿元因套购外汇被国民党政府判处缓刑，交了 100 万美元才了事。100 万美元，大家可能感觉不到这个数字有多么惊人。但在 1946 年 12 月，国际货币基金组织正式公布的 1 美元含金量为 0.88867 克，而今天的金价为 277 元人民币/克，那么 100 万美元就相当于 2.4 亿多人民币。如果按当时的购买力，100 万美元还远不止这些。1945 年，一架特性优良、高速度、重装甲、火力强大的 P-38 战斗机价值才 10 万美元左右。而 100 万美元的处罚并没有对家大业大的荣家造成大的冲击。

1949 年，上海经济渐趋瘫痪，上海产业界人士纷纷迁资海外，寻求新的出路。荣氏家族内部也出现了大震荡。荣鸿三、荣鸿庆和荣德生之子荣尔仁、荣研仁等也先后离开上海。资金的外流，致使荣氏企业元气大伤。但在最后关头，荣德生和荣毅仁父子经过三思后决定留在祖国。

上海解放后，荣氏企业面临困难，不仅资金紧张，原料也供应不足，国家通过发放贷款、供应原料、收购产品委托加工等方法，对荣氏企业予以大力扶持，实现了新的复苏。荣德生父子加深了对党的信任感。荣毅仁在 1954 年向上海市政府率先提出将他的产业实行公私合营，这一举动为上海对私营工商业的改造工作起了积极的带头作用，"红色资本家"的称呼由此得来。

1956 年，他经过深思熟虑后，把自己的商业帝国无偿交给国家，为中华人民共和国的工业振兴做出了卓越贡献。

荣毅仁 1957 年任上海市副市长、上海市工商联合会副主委，1959 年任纺织工业部副部长，国家进出口管理委员会顾问，中国和平统一促进会会长；1978 年任第五届全国政协副主席；1979 年创办了中国国际信托投资公司（以下简称中信），并任董事长兼总经理。中信属于国有企业。1993 年 3 月~1998

年 3 月任中华人民共和国副主席。

1986 年底，荣毅仁被美国《幸福》半月刊评为世界 50 名知名企业家之一，是中华人民共和国成立后国内企业家跻身世界知名企业家行列的第一人。2005 年 10 月 26 日，荣毅仁在北京逝世，享年 89 岁。

1986 年，荣毅仁的儿子荣智健进入中信（中国香港）任董事总经理，2009 年辞去中信泰富集团主席一职。

在所有中国近代民族资本家的传承史当中，直到今天，也唯有荣家能达到如此举世无双的境界。

2. "赤脚财神" 虞洽卿

虞洽卿（1867~1945 年），浙江慈溪人，年小时家境贫困，6 岁丧父，靠母亲勤劳纺织维持一家生计。虞洽卿读了三四年私塾后，因家贫辍学，15 岁便到上海去做学徒谋生。相传他初到上海做学徒时，从十六铺码头下船后，恰逢天下大雨，他怕布鞋被淋湿，便赤脚前往瑞康颜料行，因为老板前一晚发了一个梦，所以虞洽卿被老板认为是 "赤脚财神" 上门。虞洽卿以工作勤快、应对敏捷、善于招揽生意而在同业中引人注目。30 多年浸润于 3 家洋行的买办生涯，使他谙熟契约、税收、报关、公债、商贸、仓储、码头、货运等一切与内外经贸有关的路数，同时也积蓄了相当的资本和可观的人脉，为事业的发展打下了坚实基础。虞洽卿出道后，其经济活动涉及面极广，先后经营过钱庄、银行、证券、进出口、房地产、矿山、造船、航运和公用事业等。

经过在商场上不断地努力打拼，随着经验和资本的积累，虞洽卿在商界先后担任了一些职务，创立了公司，事业蒸蒸日上。例如，在 1894 年任德商鲁麟洋行买办、华俄道胜银行买办；1903 年独资开设通惠银号，发起组织四明银行；1908 年创办宁绍轮船公司；1911 年上海光复后任都督府顾问官、外交次长等职；1914 年在上海创办三北轮埠股份有限公司，后又扩展为三北航运集团，拥有轮船 30 余艘，航线遍及长江与南洋、北洋。到 1925 年，三北的分公司遍及江苏、浙江、安徽、重庆、湖北等地，在各埠的海员及职员不下万人，成为当时全国最大的华资商办航业集团，终于在被洋人垄断的中国航运界杀出了一条血路，发展成为民营航运业的巨头。虞洽卿本人也当选为上海航业公会理事长；1920 年合伙创办了上海证券物品交易所，任理事长；1923 年当选为上海总商会会长。1930 年，上海《字林西报》在报道中称虞洽卿为"上海工部局首席华董""租界华人社区领袖"，《密勒氏评论报》编辑出版的《中国名人录》则称虞洽卿为"商业领袖"和"公益活动家"。基于虞洽卿在商业取得的成就和在上海的声誉，他被上海商界称为"赤脚财神"。

功成名就后的虞洽卿没有忘记年少时的贫困，虽腰缠万贯，但依然勤俭节约。他热心于公益事业，乐善好施，如兴资办学、辟公园、设轮埠、修路搭桥和疏浚凤浦湖等，深得乡民称颂。他用于公益事业的资金，几乎超过其当时的全部财产。爱国主义精神是虞洽卿另一种特质的体现。1915 年，为反对日本提出的"二十一条"，他在上海组织了救国储金团，借此来扩充实力，维护民族工业，打击日货。辛亥革命时期他积极支持孙中山的革命活动，二次革命时反对袁世凯称帝，在"五卅"反帝运动开始时支持罢工罢市，后降低谈判条件与帝国主义势力妥协。抗战时期，他坚持抗日爱国，1931 年日军发动"九一八"事变，虞洽卿立即宣布与日本经济断交。他拒绝出任上海伪政府市长，并冒着生命危险，与意大利商人泰米那齐合伙组织了中意轮船公司，到西贡、仰光等地运米，以解决租界内难民拥挤缺粮的危机。日军占领租界后，他离沪赴渝，到大后方经营滇缅公路运输，继续支持抗战。1945 年

4 月 26 日，虞洽卿在重庆病逝，安葬于故乡龙山。

综观虞洽卿大节不亏的一生，其锲而不舍的创业精神、同仇敌忾的民族意识、爱国爱乡的博大胸怀、热心公益的无私奉献，确实令人敬佩。

3. "中国船王" 卢作孚

卢作孚（1893 年 4 月 14 日～1952 年 2 月 8 日），原名卢魁先，别名卢思，重庆市合川人，近代著名爱国实业家、教育家、社会活动家；民生公司创始人、中国航运业先驱，被誉为"中国船王"和"北碚之父"。卢作孚出生于一个普通家庭，幼年时因家境贫困而辍学，后发奋自学成才。在动荡乱世，从投身教育和革命、兴办实业到参与抗日救国，无不写尽他充满爱国情怀的一生。

1910 年，卢作孚接触革命学说，加入中国同盟会，从事反清保路运动。1914 年，他回乡在合川中学任教，参与编写《合川县志》；后又去成都，随后相继担任成都《群报》《川报》的编辑、主笔和记者。1919 年，接任《川报》社长兼总编辑。积极投身"五四"运动，参加李大钊等组织的少年中国学会，主张"教育救国"。1921 年，任泸州永宁公署教育科长，积极开展通俗教育活动；1924 年，应军阀杨森之邀，到成都创办民众通俗教育馆，担任馆长，在少城公园内建起各种陈列馆、博物馆、图书馆、运动场、音乐演奏室、游艺场和动物园等文化娱乐场所。

1925 年，卢作孚弃学从商，奔回合川，筹办民生实业公司，设想以办轮船航运业为基础，兼办其他实业，把实业与教育结合起来，促进社会改革，以达到振兴中华的目的。1926 年，靠朋友东挪西凑筹得 8000 元资本，卢作孚亲自去上海订购载重 70.5 吨的浅水铁壳船一艘；5 月在重庆召开公司创立大会，确定公司名称为"民生实业股份有限公司"，将第一艘船命名为"民生"轮，额定资本 5 万元，卢作孚被推选为总经理，在重庆、合川设立公司办事处，开辟嘉陵江渝合航线，开始了他的航运之路。卢作孚创办的民生公司从 1926 年的一条小火轮开始，1937 年，抗战前夕，民生公司已经拥有 46 艘轮船，总吨位上万，拥有近 4000 名职工，成为我国当时最大的民族航运企业，卢作孚也被海内外誉为"中国船王"；到 1950 年已拥有客货轮船 140 多艘，独资或合资创建了 70 多个岸上企业和附属设施。公司总资产达到 8.437 亿元，净资产达到 2.915 亿元。业务涉及到发电、自来水、造船、仓库码头、铁路、煤炭、水泥、陶瓷、印刷、出版、钢铁、机械、纺织、印染、食品、建筑、贸易、银行和保险等许多领域。开辟了数千公里的内河航线。拓展了中国香港、中国澳门和东南亚航线，最远的还到过印度和非洲。他统一长江上游航运，将曾经不可一世的外国轮船公司逐出了长江上游。民生公司"崛起于长江，争雄于列强"。

1932 年 1 月初，卢作孚发起成立北碚抗日救国义勇军，并以北碚各机关团体、企事业单位的名义署名发表《成立北碚抗日救国义勇军宣言》，并于同日成立北碚抗日救国义勇军。卢作孚任北碚抗日救国义勇军总指挥，将少年义勇队和峡防局职员编为义勇军一队和二队，集中进行军事训练，以作抗日后援，一旦中日宣战，训练有素的义勇军能够开赴前线，抗击日寇。

1938 年秋，宜昌沦陷前夕，卢作孚指挥"宜昌大撤退"，领导所创办的民生公司用自己的船只，经过 40 天的奋战，抢运了聚集在宜昌的 150 万余人、100 万余吨物资，为保存当时中国的政治实体、经济命脉以及教育文化事业做出巨大的贡献和牺牲。他的民生公司有 16 艘船只被炸沉炸毁，69 艘船舶被炸伤，117 名员工壮烈牺牲，76 名员工伤残。这次抢运被誉为中国版的"敦刻尔克大撤退"。

敦刻尔克大撤退指的是 1940 年英法联军历史上最大规模的军事撤退行

动。在第二次世界大战中，英国海军调动所有的水上运输工具，用 10 天的时间将被围困在比利时敦刻尔克的 30 余万盟军，从德国空军的狂轰滥炸中抢运回了英国。这次撤退被称为战争史上最大的撤退，即著名的"敦刻尔克大撤退"。敦刻尔克大撤退依靠一个国家的力量，由一个军事部门指挥完成。宜昌大撤退则完全依靠的是卢作孚和他的民生公司。这样的撤退在中外战争史上仅此一例。

被称为中国版"敦刻尔克大撤退"的"宜昌大撤退"是一场惊心动魄的大撤退，运输过程中抢运入川的学校有复旦大学、中央大学、金陵大学、武汉大学、山东大学、航空机械学校、中央陆军军官学校、国立戏剧学校等数十所。抢运军工以及其他工厂设备有兵工署 22 厂、23 厂、24 厂、25 厂，金陵兵工厂，兵工署陕西厂，兵工署河南巩县分厂，兵工署河南汴州厂，湘桂兵工厂，南昌飞机厂，航委会无线电厂，航委会宜昌、安庆、扬州航空站，上海钢厂，大鑫钢铁厂，周恒顺机器厂，中福煤矿，大成纺织厂，武汉被服厂，等等。这些工厂在重庆恢复生产，构成了一个强大的工业体系，特别是军事工业基础，它们生产出来的武器弹药，军需物资，由民生船舶运往前线，大大地增强了我军的战斗力，有力地阻滞了日军的西进，最终迎来了抗日战争的伟大胜利。据当时的国民政府经济部调查，这次抢运出的兵工厂和民营企业的机器设备，每月仅手榴弹就可以造 30 万枚，迫击炮弹 7 万枚，飞机炸弹 6000 枚，十字镐 20 多万把。

宜昌大撤退后，民生公司的船仍在抢运物资，付出了极大牺牲。整个抗战期间，民生公司的船只运送出川的军队共计 270.5 万人，武器弹药等 30 多万吨。卢作孚不顾危险，常常亲临现场。1939 年以来，民生公司有 9 艘轮船被炸沉、6 艘被炸坏，其中包括最大的"民元轮"。1939 年，民生公司航业部分的损失高达 400 万元。此外，政府征用阻塞水道损失 5 艘，达 2028 吨；

自行凿沉和敌机炸毁等损失 16 艘，达 11460 吨；军工运输受损失 5 艘，达 4188 吨；被日寇劫持 5 艘，达 2662 吨，这还不含趸船和驳船，仅损失的轮船就有 20338 吨。

卢作孚在抗日期间坐镇宜昌，组织领导宜昌大撤退，保存了中国民族工业的命脉，挽救了抗战时期整个中国的民族工业，受到国民政府嘉奖。1939 年 1 月，由于办理军事运输贡献突出，国民政府授予卢作孚三等采玉勋章；1944 年 5 月，国民政府又因卢作孚在抗日期间办理军运卓有劳绩，授予其二等卿云勋章；1945 年 10 月，国民政府为卢作孚在抗战期间的重要贡献颁发胜利勋章。毛泽东评价他是"中国近代史上万万不可忘记的人"；蒋介石称他"作孚兄""民族英雄"；冯玉祥夸他是"最爱国的，也是最有作为的人"。

卢作孚还曾担任国民政府职务。1927 年，卢作孚到北碚出任江（江北）、巴（巴县）、璧（璧山）、合（合川）峡防团务局局长，他在职期间清剿匪患。1929 年，卢作孚被刘湘任命为川江航务管理处处长。此间还曾担任四川省建设厅长、交通部次长、全国粮食管理局局长、全国船舶调配委员会副主任员等职，为抗战时期的军需民运做出了重大贡献。1937 年 8 月，卢作孚出任国民政府交通部常务次长；1938 年 6 月，任三青团中央临时干事会干事；1939 年 9 月，兼任三青团中央社会服务处处长；1940 年 7 月，兼任全国粮食局长；1941 年 11 月，任三青团中央干事会干事；1943 年 2 月，兼任三青团中央评议员。1944 年，作为中国实业界代表，他出席了在纽约召开的国际通商会议。

1927 年，卢作孚对峡区进行乡村建设实验。在这里陆续建成北川铁路、天府煤矿、原三峡织布厂、中国西部科学院等；在四川率先架建成乡村电话网络；开辟北温泉公园。他在这里修公路、开运河、办农场、建工厂、辟公园、修建体育场、改造旧城市，并在城镇中设医院、建立图书馆、博物馆以及各种学校。卢作孚手握几千万资产，却从没想过为自己买地、买房，身后没有财产，没有储蓄，收入主要捐赠给慈善事业。

1949 年 6 月 10 日，卢作孚先生在党组织的安排下，秘密离开中国香港，返回内地，6 月 15 日到达北京，出席全国政治协商会议第一届第二次会议。会议期间，毛主席专门宴请了卢作孚先生和荣毅仁先生。在北京期间，卢作孚先生向周总理提出要通过"公私合营"的办法，将民生公司交给国家。

1949～1952 年，在卢作孚先生的缜密安排下，民生公司滞留在海外的 21 艘江海船舶除一艘被炸毁，一艘被特务劫持到中国台湾外，全部开回到祖国大陆。

1952 年 2 月 8 日，卢作孚先生含冤去世，终年 59 岁。他留给妻子的遗嘱提到：一、借用民生公司家具，送还民生公司；二、民生公司股票交给国家；三、今后生活依靠儿女；四、西南军政委员会证章送还军政委员会。

卢作孚生前衣着简单，生活简朴。1942 年春天，在许多民生职员搬到重庆南岸的"民生新村"之后，卢作孚一家 7 口才住进红岩村 2 号大约 40 平方米的公司宿舍里，厕所在屋外的菜地里，但这已经是他们家住得最宽敞、最好的时候。身为总经理，卢作孚在民生公司最初并没有股权，是刘湘等凑了一笔钱给他入股，股东大会为感激他对公司的贡献，赠送给他一些干股。他自称"小小的股东"，不是自谦，而是事实。在 1949 年 12 月的《民生公司股东名册》中，他和家属名下的股权共两千股，但是他从未领取过分文红利，全家老少一直靠他的一份工资生活。1949 年后，他名下股金折合 3 万元，全部交给国家，始终没拿过一文红利。

卢作孚跨越了"革命救国""教育救国""实业救国"三大领域，并在这三方面都各有成就。他的一生成就非凡，令人敬重。他的爱国主义精神，值得后人学习。

4. "中国民族化学工业之父"范旭东

毛泽东在谈到中国工业发展时曾说："讲化学工业，不能忘记范旭东。"由此可见范旭东在中国化学工业中的地位和作用。

范旭东（1883~1945年），湖南湘阴县人，民国时期化工实业家，重化学工业的奠基人，被称作"中国民族化学工业之父""中国重工业之父"。1910年在原京都帝国大学理科化学系毕业。1911年回国，后在北洋政府北京铸币厂负责化验分析，不久，他被派赴西欧考察英国、法国、德国、比利时等国的制盐及制碱工业，考察期间不准进入生产现场，只能看锅炉房，被嘲笑看不懂工艺技术。受此屈辱，强大的民族自尊成为了他一生事业强大的动力，回国后，致力发展精盐、制碱和三酸工业。

自秦汉以来，中央政府就对盐、铁实行专营，中国人虽然守着丰富的海洋资源，食用的盐却仍是土法制作的粗盐，效率低，纯度低且含有很多有害物质。当时国外食盐已大量改用雪白纯净的精盐。因此中国被西方讥笑为"食土民族"。由于中国当时缺少化工人才，无人涉足这一领域，所以精盐市场长期被英商和日商垄断。从欧洲考察回国后，范旭东决心首先发展精盐生产，积极研究精盐生产技术。1915年，范旭东在天津创办久大精盐公司（以下简称久大），成为了中国第一座精盐厂，为"食土民族"摘掉了帽子。精盐厂通过以海滩晒盐加工卤水，用钢板制平底锅升温蒸发结晶，制成精盐。他亲笔设计了一个五角形的商标，起名为"海王星"。久大精盐问世后，深受消费者欢迎，业务发展极快，各地经销分店只做批发，不做零售，随运随销，获利可观。为了进一步发展盐业，他又在青岛开办了永裕盐业公司，在汉口开办了信孚盐业运销公司。久大精盐很快遭到国内外盐商的围剿，但范旭东不畏重重障碍，为中国精盐事业的发展杀出了一条血路。

在久大精盐公司的基础上，范旭东为实现实业救国和发展化学工业的愿望，又着手制碱工业。当时西方国家在制碱业已经形成专利垄断，不对外公开。由于印染的布料需要用碱，而碱又十分昂贵，并且中国纯碱市场被英国卜内门洋碱有限公司（以下简称卜内门公司）垄断，所以受制于人。为了打破被垄断的市场，1917年范旭东开始创建永利碱厂（以下简称永利），从筹集资金、选择厂址，到设备安装，工艺技术研究，事必躬亲。皇天不负有心人，1926年6月终于生产出优质的碳酸钠产品，取名纯碱。1937年生产出中国第一批硫酸铵产品。永利碱厂成为了亚洲第一座纯碱工厂。8月，永利纯碱在美国费城举行的万国博览会上，荣膺大会金质奖章，获得了"中国工业进步的象征"的评语，开始蜚声海外。永利纯碱有了话语权，卜内门公司终于同意了范旭东提出的纯碱市场销售额的协议，即永利纯碱销售额应占我国市场销售总额的51%，此举再次维护了我国民族工商业的权益。1927～1937年，永利的纯碱年产量翻了三番多，"红三角"牌纯碱远销日本、印度和东南亚一带。

范旭东决定独办中国硫酸铵厂，在准备好投资资金后，范旭东开始筹备生产事宜。1934年3月，将永利制碱公司更名为"永利化学工业公司"，设计生产能力为年产硫酸铵5万吨。经过近3年的努力，1937年2月5日正式开始投料生产，成功生产出了第一批硫酸铵。如此顺利的投产确实令国人为之振奋。范旭东事后自豪地讲，我国先有纯碱、烧碱，现在又有合成氨、硫酸和硝酸，中国化学工业就可以展翅腾飞了。

1937年，日本发动了全面侵华战争后，范旭东下令工厂停产疏散并向长江上游撤退。这给范旭东创办的实业和我国刚刚起步的化学工业造成了惨重的损失。但是，范旭东发展化学工业的决心毫不动摇，抗战期间，继续在大后方创办实业。

范旭东在创办实业的同时，积极提倡科学救国，尊重知识，尊重人才，积极参与和支持科学研究工作。早在 1922 年，他就创办了黄海化学工业研究社（以下简称黄海），把久大、永利两家公司给他的酬金用作该社的科研经费。这是我国第一家专门的化工科研机构，也是他自喻为毕生创办的第三件大事业。设立该机构的目的，不仅为本企业的生产服务解决制盐和制碱中的一些科研问题，而且培养造就了一批化工科技人才，也为振兴我国的化学工业服务。

范旭东强调理论联系实际的科学研究方法，他聘请并全力支持获美国哈佛大学化学博士学位的孙学悟来主持社务，通过孙学悟和全社员工的不懈努力，黄海开创了我国无机应用化学、有机应用化学及细菌化学的研究，取得了一系列科技成果，写下了化工科研史上光辉的一页。黄海与永利、久大联合组成的"永久黄集团"还创办了《海王旬刊》。1928～1949 年，《海王旬刊》累计出版 600 多期，范旭东先后亲自为该刊撰稿逾百篇。

范旭东十分热衷于学术活动和教育事业，曾担任中国自然科学社理事达 30 余年，曾受国民政府中央研究院的聘请担任评议员达 10 余年，曾被推选为中华化学工业会副会长、中国化学会副理事长。继兄长范源濂之后他还担任过中华书局董事，对出版事业提出了许多有益的建议。他还是天津南开大学和湖南私立隐储女校的校董。他为南开大学化学系和经济研究所捐赠过奖学金，以鼓励优秀学生。

1945 年 10 月 2 日，范旭东突患恶疾，10 月 4 日溘然长逝，终年 62 岁，临终前，叮嘱后人要"齐心合力，努力前进"。

五、改革开放后的企业家

2018 年是改革开放 40 周年。中国在过去 40 年峥嵘岁月中所创造出的成就令世界为之瞩目。中国的经济发展可谓一枝独秀，在过往的 40 年里保持近 10%的增长，从 2010 年成为全球第二大经济体，到"一带一路"倡议，足见国力日渐强盛，伟大的民族复兴之路已开启。在 40 年经济奇迹的创造者里，企业家是一个举足轻重的阶层。改革开放，开启了私营企业家产生的大门。随着改革开放的深入，有利于企业家成长的环境也在不断改善。虽然如此，但企业家们在 40 年的改革开放风雨路上也不是走得一帆风顺。中国的改革开放之路，也是在人类历史上没有人走过的路，没有经验可借鉴，唯有采取"摸着石头过河"的方式。所以，一批批走在改革前沿的企业家们是冒着风险开山辟路而摸索前行的。时光流逝，回望 40 年的风雨路，曾经在这条路上奋斗过的企业家们演绎了他们不同的人生故事。企业家们的经历同样是不少人间沧桑事。所以，40 年的改革开放历程，也是当今中国企业家的一门奋斗史。我们通过列举部分企业家的案例来反映这个大变革时代下的企业家故事。

1. "天下第一村"华西村村主任吴仁宝

在 2017 年即将成为过去的时候，一则关于中国最富村华西村负债 389 亿元的消息被媒体报道后，这个有着"天下第一村"美誉的华西村再次引起公众的关注。我们不关注华西村负债消息的真相，而是以此为索引去探究带领华西村成为全国首富村的村主任吴仁宝。

　　吴仁宝于 1928 年 11 月出生在江苏省江阴市华士镇的华西村。1954 年 2 月他开始参加工作，担任华士瓠岱乡人民政府财粮委员。从 1957 年开始，吴仁宝任华西村党支部党委书记，他带领村民走共同富裕的道路，使华西村由一个欠债累累的贫困村，逐步发展成为全国首富村。

　　吴仁宝带领华西村致富的途径主要有五条：一是在那个年代坚持"以粮为纲"，高效发展农业，把原来 1300 多块七高八低的零星田块，改造成 400 多块能排能灌的高产、稳产大田，从而赢得了人变、地变和产量变。1979 年，吴仁宝提出了一个调整产业结构的方案，把全村 500 多亩粮田由 30 多名种田能手集体承包，把绝大多数劳动力转移到工业上去。二是以工业兴村，比别人早走一步，办起了小五金厂，因此也赚了不少钱，首先富了起来。到了 1976 年，当时华西村大队副业收入达 28.2 万元，已占全年总收入的 54.4%，集体累计已经有 60 万元，变成了远近闻名的幸福村。三是在完成了原始资本积累后，借着改革开放的春风，可以正大光明地走工业兴村之路。在吴仁宝的安排下，一些村民外出学手艺，回村后陆续办起了锻造厂、带钢厂、铝材厂和铜厂等企业，逐步形成了以冶金、纺织和有色金属为主的 40 多个企业，全村 95% 以上的劳动力投入到了工业生产。1980 年，在改革开放刚起步的时候，华西村的工农业总产值已突破 1 亿元，成为江苏省第一个"亿元村"。到 1996 年，华西村工业经济总量超过 20 亿元，销售收入达 18.9 亿元，利润达 2.2 亿元。全村居民住房别墅化，30% 的村民家庭拥有轿车，户户存款超过 6 位数。这种景象在当时的中国确实是非常罕见的，全国首富村是实至名归。四是有效的分配是激励发展的核心动力。华西村的奖金分配采取的是"二八开"和"一三三三"制的方法。每年度超盈利指标部分实行"二八开"，20% 留给企业投入再生产，80% 作为奖金。奖金分配采用的是"一三三三"制的分配原则：10% 给厂长，30% 奖励给经营班子，30% 给员工，30%留作公共积累。五是在华西村效应的影响下，为了分享华西村的经验，从 2001 年开始，一批周边村子先后自愿并入华西村，使华西村的经济实体得到扩大。同时华西村被政府列为学习的榜样，许多人慕名前来学习经验，也带动了华西村旅游业的发展。

吴仁宝还积极带动他人脱贫致富。华西村不仅带动了周边十多个村庄共同致富，而且还帮助宁夏、黑龙江分别建成了"省外华西村"，还为全国培训了数以十万计的农村基层干部。

吴仁宝能够带领华西村脱贫致富，除了他具有敢为人先的冒险精神、商业天赋和领导能力外，有一点值得一提的是他对政治的嗅觉具有高度的敏感性。他每天早晨 6 点 30 分准时收听广播新闻，晚上 7 点定时收看《新闻联播》，即便出差在外也雷打不动。有一个广为流传的故事，说吴仁宝"一个会议赚了一个亿"，其实是在 1992 年 3 月初的一天，邓小平南方谈话播出后，吴仁宝当天夜里 2 点钟召集党员干部大会，发动全村人立刻奔赴全国各地用尽各种办法购进原材料。果然，等到 3 月 11 日"讲话"精神传达到基层时，原材料价格已迅速上涨几倍。即便已经退休，吴仁宝仍保留着半夜召集会议的习惯，迅速传达政策动向。

2003 年，担任党委书记逾四十载的吴仁宝宣布退休，其四子吴协恩经选举接任了华西村党委书记一职，他退休这年，在华西村原有的三套领导班子村党委、江苏华西集团公司和村民委员会的基础上，成立了第四套班子，吴仁宝任总办主任。激流勇退后的吴仁宝并没有闲着，依然发挥余热，他每天上午的报告会就成为华西村最大的旅游亮点。

钢铁、纺织、旅游是华西村原来的三大支柱产业，但随着近些年钢铁行业不景气，纺织业毛利率下降，乡镇红色特色旅游日渐式微，华西村面临着巨大的转型挑战。看到潜在危机的华西村新任接班人吴协恩于 2004 年开始带领华西村走上转型之路。

2005 年，吴仁宝作为封面人物登上美国《时代周刊》。

2013 年 3 月 18 日，吴仁宝因患肺癌医治无效，在华西村家中逝世，享年 85 岁，走完了他引以为豪、不平凡的一生。

当村主任，应当以吴仁宝为榜样！

2. 一代乡镇企业家鲁冠球

万向集团的官网上，在"创始人"一栏只写了一句话：鲁冠球——从田野走向世界的中国农民的儿子。

鲁冠球，浙江万向集团董事局主席兼党委书记，1945 年出生在浙江钱塘江边的一个乡村，父亲在上海一家医药厂工作，收入微薄，他和母亲生活在农村，日子过得很艰难。15 岁时，读初中的他被迫辍学，到浙江萧山县铁业社当打铁学徒。3 年后，鲁冠球因企业人员精减而下岗。但这并没有令他消沉，失去自信。1969 年，24 岁的鲁冠球终于等来了机会。当时，国家批准每个人民公社可以开办一家农机厂。得知这一消息后，他变卖了全部家当，筹集了 4000 元，带领 6 个农民，创办了宁围公社农机修配厂。1979 年，鲁冠球看到《人民日报》的一篇社论《国民经济要发展，交通运输是关键》，他判断中国将大力发展汽车业，于是决定砍掉其他项目，专攻万向节（汽车传动轴和驱动轴的连接器）。他将厂门口四块牌子摘掉三块，只保留"萧山宁围公社万向节厂"，从 1980 年开始专门生产万向节。1984 年，万向成为第一家产品进入美国通用汽车公司配套生产的中国汽车零部件生产商，万向产品自此走出国门。在那个年代，鲁冠球是属于最早对企业具有产权意识的企业家，一早就着手推行企业的产权清晰化，为万向的未来发展扫清了体制上的障碍。1983 年 3 月，为了获得自主经营的权力，鲁冠球以自家价值 2 万多元的苗木作抵押，承包了厂子。同时万向也开始了多元化布局，生产各种汽车零部件。1984 年，鲁冠球以企业名义打报告，要求实行股份制，未获批准，他就改变方法，以内部职工方式入股。

1994 年，鲁冠球创办的集团核心企业万向钱潮股份公司上市。万向也随之成为第一家上市的乡镇企业。万向钱潮上市后，万向集团在资本市场上便开始高歌猛进。通联资本、万向三农、万向控股、万向财务等"万向系"企业先后成立。

1999 年，万向集团开始布局清洁能源，大力发展电池、电动汽车、天然气发电、风力发电等产业。今天能源产业发展的前景足以证明十几年前这项战略性决策的前瞻性，不得不令人佩服鲁冠球的战略眼光。但远不止于此，鲁冠球早已开始走上了国际化之路。1994 年在芝加哥成立了万向美国公司，成功收购了英国 AS 公司、美国舍勒公司、ID 公司等多家海外公司。同时，"万向系"金融的版图也延伸到海外，2001 年，万向美国公司拿下美国霍顿保险控制权；2014 年，万向美国公司与李嘉诚之子李泽楷经过 19 轮竞价后获胜，将美国菲斯科收入囊中，并成立了超豪华电动车 Karma 公司。

在企业接班人的传承方面，鲁冠球早就未雨绸缪。鲁冠球有一个儿子和三个女儿，对于小儿子鲁伟鼎，鲁冠球一直寄予厚望。鲁伟鼎在高中时期就被"扔"到新加坡读书，不满 20 岁的鲁伟鼎回国后，被安排到集团的各种岗位轮转。1994 年，24 岁的鲁伟鼎升任万向集团总裁。大女儿鲁慰芳负责万向北京公司，二女儿和其丈夫韩又鸿也在集团内部负责万向资源运作。韩又鸿目前是万向集团上海公司的总裁，同时负责新加坡分公司。可以看出，鲁冠球的传承布局为协作接班模式，将儿子培养为合格的接班人后，由其掌舵，女儿女婿齐上阵，共同接班庞大的家族产业。

相对于同时代的其他企业家，鲁冠球还有一项与众不同之处，就是他在理论上也有很大的发展和贡献。通过几十年如一日的孜孜以求，不倦学习，在理论上达到了相当的水平，他撰写了大量的理论文章，已有 60 多篇论文在《求是》《人民日报》《光明日报》《经济日报》等全国和地方报纸、杂志上发表，被誉为"农民理论家"，获得了高级经济师和高级政工师的职称，还被香港理工大学授予荣誉博士。

著名财经作家吴晓波曾经说："鲁冠球告诉我，战士的终点就是坟墓。" 2017 年 10 月 25 日，一代乡镇企业家鲁冠球离世，享年 72 岁，走完了他传奇的一生。

回顾鲁冠球的一生，可以说和当今中国的企业史几乎同步：中国最早的公社企业，中国最早的乡镇企业，中国最早走出国门的乡镇企业，中国最早上市的民营企业。作为第一个吃螃蟹的人，他带领万向集团从无到有，从小到大，见证了中国企业从弱到强，也见证了中国改革开放的非凡成就。

从 1969 年领着 6 个农民集资 4000 元在钱塘江畔创办宁围公社农机厂开始，历经 48 个春秋，到 2017 年，胡润百富榜上鲁冠球家族以 491 亿元财富位列第 37 位。万向集团控股 4 家上市公司、手持 10 余张金融牌照、拥有 30 家海外企业和 40 家海外工厂，年收入超过千亿元，拥有 4 万多名员工，拥有国家级技术中心、国家级实验室、博士后科研工作站，发展成为国家 520 户重点企业和国务院 120 家试点企业集团之一。半个世纪的时间，鲁冠球打造出了一个商业帝国奇迹。而令后人缅怀的远不仅仅是一个商业帝国的成功，更是鲁冠球作为改革开放的代表，其无与伦比的勇气、视野、格局以及永不止步的企业家精神。

阿里巴巴集团董事局主席马云在对鲁冠球的悼念撰文中写道："1969 年，多数人还不知道市场经济是什么的时候，鲁老已经开办了自己的工厂；1984 年，多数人还不知道外国长什么样的时候，鲁老已经把产品出口到了美国；

20 世纪末，多数人刚开始走出国门的时候，鲁老的企业已经在海外站稳了脚跟，走出了中国企业全球化的第一步。前不久有人送我一句话，多数人是因为看见而相信，只有少数人是因为相信而看见。我觉得这句话用在鲁老身上再合适不过!"

3. 制造业的学习榜样海尔张瑞敏

人们对现海尔集团董事局主席兼首席执行官张瑞敏的认识普遍是从"怒砸冰箱"一事开始的。1985 年，青岛冰箱厂厂长张瑞敏因质量问题亲自抡起大锤怒砸 76 台存在质量缺陷的冰箱。他的这一锤，砸出了今天有目共睹的海尔，而且至今被奉为中国企业管理史上的经典案例。至于当年那把著名的大锤，已经被收入了国家历史博物馆。

1984 年，张瑞敏临危受命，接任当时已经资不抵债、濒临倒闭的青岛电冰箱总厂厂长。33 年创业创新，张瑞敏始终以创新的企业家精神和顺应时代潮流的超前战略决策引航海尔。海尔在全球有 10 大研发中心、21 个工业园、66 个贸易公司、143330 个销售网点，用户遍布全球 100 多个国家和地区。

2017 年海尔集团全球营业额实现 2419 亿元，同比增长 20%。全球利税总额首次突破 300 亿元，其中全球经营利润增幅达 41%。2017 年社群交互产生的交易额首次突破 1 万亿元，同比增长 273%。世界权威市场调查机构欧睿国际发布的 2017 年全球大型家用电器调查数据显示，海尔大型家用电器 2017 年品牌零售量占全球市场的 10.5%，居全球第一，海尔第九次蝉联全球第一。此外，冰箱、洗衣机、酒柜和冷柜也分别大幅度领先第二名的品牌零售量继续蝉联全球第一。2016 年，海尔连续两年进入全球品牌 TOP100。2017 年，海尔集团第 12 次入选《财富》2016 年"最受赞赏的中国公司"榜单，位居电子电器类第一，并进入榜单前三名。

张瑞敏认为，没有成功的企业，只有时代的企业，所谓成功只不过是踏准了时代的节拍，他以企业"组织设计师"的使命，引领海尔经历了五次发展战略变革。海尔从 1984 年创业到现在，经历了五个发展战略阶段：名牌战略、多元化战略、国际化战略、全球化品牌战略和 2012 年的网络化战略阶段。创业 30 多年来，海尔致力于成为"时代的企业"，每个阶段的战略主题都是随着时代变化而不断变化的，但贯穿海尔发展历程的，都离不开管理创新，重点关注的就是"人"的价值实现，使员工在为用户创造价值的同时实现自身的价值。2012 年海尔进入第五个发展战略——网络化战略阶段以来，张瑞敏的管理思维再次突破传统管理模式的桎梏，将"人单合一双赢模式"升级为"人单合一 2.0——共创共赢生态圈模式"。"人"从员工升级为攸关各方，"单"从用户价值升级到用户资源，"双赢"升级为共赢，最终目的是实现共创共赢生态圈的多方共赢增值。因此，互联网时代的海尔已从传统制造家电产品的企业转型为面向全社会孵化创客的平台，并颠覆传统企业自成体系的封闭系统，成为互联网企业，打造以社群经济为中心、以用户价值交互为基础、以诚信为核心竞争力的后电商时代共创共赢生态圈，成为物联网时代的引领者。海尔从 2005 年提出"人单合一"已经十多年，现在人单合一双赢模式因破解了互联网时代的管理难题而吸引了世界著名商学院、管理专家争相跟踪研究。

张瑞敏之所以在国际企业管理领域享有盛誉，是因为他将中国传统文化精髓与西方现代管理思想融会贯通，兼收并蓄、创新发展、自成一家，他以创新的管理理念为全球管理界探索输出了符合时代特征的商业模式和经典案例，创造了充满竞争力的海尔文化。从"日事日毕、日清日高"的 OEC 管理法，到每个人都面向市场的"市场链"管理，再到互联网时代的"人单合一模式"，张瑞敏的不断创新赢得了全球管理界的高度评价。"海尔文化激活休克鱼"案例被写入美国哈佛商学院案例库，张瑞敏也因此成为首位登上哈佛讲坛的中国企业家。2015 年《海尔：与用户零距离》成为哈佛商学院最受师生欢迎的案例。

2012 年，张瑞敏应邀赴西班牙 IESE 商学院、瑞士 IMD 商学院演讲；2013 年，张瑞敏作为唯一受邀的中国企业家出席美国管理学会（AOM）第七十三届年会并做主题演讲；2015 年，张瑞敏作为唯一受邀的中国企业家参加彼得·德鲁克全球论坛并演讲；2016 年，张瑞敏被耶鲁大学管理学院授予"传奇领袖奖"，成为年度唯一获奖的中国企业领袖。张瑞敏的演讲和获奖均受到热烈反响。2017 年，张瑞敏受邀赴斯坦福大学演讲，并入选美国《财富》杂志"全球最伟大领袖人物榜单"。

因其在管理领域的创新成就，张瑞敏多次获得国际管理思想领域的嘉奖："全球睿智领袖精英奖""IMD 管理思想领袖奖""亚洲品牌永远精神领袖奖""卡内基卓越领导人奖"和《财富》"全球 50 位最伟大领袖"。2014 年，张瑞敏获得复旦企业管理杰出贡献奖；2015 年，张瑞敏被美国最佳实践研究所（BPI）评为"杰出首席执行官"；并被"管理思想界的奥斯卡"Thinkers 50 授予杰出成就奖之"最佳理念实践奖"，张瑞敏是首位获得该奖的中国企业家，同时入选"2015 年度 Thinkers 50 榜单"，是唯一同时获得两个奖项的中国企业家。

4. 功成身退的王石

一家上市公司受外界关注是正常现象，特别是一家超过千亿元销售的房地产公司，但其董事长同样备受瞩目，从常年在外登山、跳伞、划艇到捐款事件、游学和近年的"万宝之争"，一直没有离开公众视线，也被股民评判"不务正业"。这个人就是目前中国最大的专业住宅开发企业万科原董事长王石。

人生难以尽善尽美，即使不完美，但经过 26 年的奋斗，能将从创业时的一间小公司发展到千亿元企业航母，销售规模一时成为全球最大的房地产公司，再到顺利完成交接班，尽管经历了不少风雨，但王石能做到这一点，在经历了波澜壮阔的 40 年改革开放浪潮的第一批企业家里，他也能算得上是功成身退了。

王石 17 岁初中毕业后，参军 5 年，当过运输兵，复员后到郑州铁路局的水电段做锅炉大修车间的工人。1974 年，23 岁的他入读兰州交通大学给排水专业，1977 年毕业，被分配到广州铁路局工程段工作；1980 年进入了原广东省对外贸易经济委员会，负责招商引资工作；1983 年到深圳经济特区发展公司工作；1984 年组建"现代科教仪器展销中心"，任总经理。

王石的第一桶金是靠做饲料中介商通过倒卖玉米得来的，这让他赚了 300 万元，王石用倒玉米赚来的钱开办了深圳现代科教仪器展销中心，经营从日本进口的电器和仪器产品，同时还搞服装厂、手表厂、饮料厂和印刷厂等。

1988 年，深圳现代科教仪器展销中心更名为"万科"，王石任万科企业股份有限公司董事长兼总经理，11 月，万科参与了深圳威登别墅地块的土地拍卖。12 月，万科发行了中国第一份《招股通函》，发行股票 2800 万股，集资 2800 万元，开始涉足房地产业。1991 年 1 月 29 日，万科正式在深圳证券交易所挂牌上市，成为深圳证券交易所第二家上市公司。由此拉开了万科万亿元市值的伟大征程。值得特别指出的是，在众多地产公司中，万科是最早完成股份化、完成上市的。

1999 年，王石辞去万科总经理一职，只担任董事长。2010 年公司完成新开工面积 1248 万平方米，实现销售面积 897.7 万平方米，销售金额达 1081.6

亿元。营业收入达 507.1 亿元，净利润达 72.8 亿元。万科率先成为全国第一个年销售额超千亿元的房地产公司。这个数字相当于美国四大住宅公司高峰时的总和，成为当时全球销售规模最大的房地产公司。

万科 2010 年正式进入商业地产，在多地成立商业管理公司，2011 年正式宣布三大产品线。近两年，万科虽然一直强调以住宅开发为主，但其在商业地产领域却是动作频频。现在万科已经形成万科广场、万科红、万科大厦和万科 2049 四大商业产品线，在全国在建、规划的有 18 个购物中心项目，商业面积达 150 万平方米。2016 年 8 月，全国工商联发布 "2016 中国民营企业五百强" 榜单，万科名列第十。

王石于 2011 年 1 月到美国哈佛大学做访问学者，2014 年转到英国剑桥大学继续游学之旅。

2016 年公司首次跻身《财富》"世界五百强"，列榜单第 356 位；2017 年再度上榜，列榜单第 307 位。

2017 年 6 月，万科与宝能系的股权战进行了一年半后已尘埃落定，深圳地铁集团成为万科第一大股东。6 月 21 日，万科发布公告，66 岁的王石宣布退休。6 月 30 日，万科召开股东大会，王石正式辞去万科董事会主席一职，为充分肯定王石过去 33 年对万科做出的不可替代的贡献，董事会委任王石为董事会名誉主席。7 月 1 日，王石就任万科公益基金会理事长。这标志着一代创业者的功成身退。

5. 从 "烟草大王" 到 "橙王" 的褚时健

在中国云南中部有一座山，叫作哀牢山，位于玉溪市新平县。这里是云贵高原和横断山脉的分界线，从昆明驱车到这里约 300 公里。在 2002 年前，可能许多人对哀牢山闻所未闻，但自从 2002 年后，一位 74 岁的老人在此开始了二次创业，此山就开始广为人知了，正所谓"山不在高，有仙则名"。因为这位老人被称为"中国烟草业界的传奇人物，一家品牌价值500亿元企业的缔造者，一位中国企业史无法回避的企业家……"，所以到2017年为止，王石六次不远千里来登山拜访，还有联想的柳传志、万通控股董事长冯仑和其他一些企业家也曾慕名而来。这位令人敬重的老人就是云南红塔集团和玉溪红塔烟草集团有限责任公司原董事长、褚橙创始人褚时健。

褚时健于1928年1月23日出生在云南玉溪市华宁县矣则村的一个农民家庭。他年少时因家庭变故而帮助母亲挑起了家庭生活的重担，下河抓鱼、田间劳作、酒坊烤酒。1948年离开了昆明，随后，褚时健参加了革命，投身于解放战争。1949年，他任原云南武装边纵游击队2支队14团9连指导员。1950~1957年，他先后担任过征粮组组长、区长等职务。褚时健在1958~1978年，曾担任新平县畜牧场、堵岭农场副场长，曼蚌糖厂、戛洒糖厂厂长，在担任糖厂厂长时，展露出了褚时健的企业经营管理才能，他将糖厂扭亏为盈，令人刮目相看。

1979年10月，褚时健担任玉溪卷烟厂厂长。虽然已年过半百，却开启了他另外一段大起大落的人生旅程。褚时健在玉溪卷烟厂17年，为国家创造的利税高达991亿元，加上红塔山的品牌价值400多亿元（其他品牌价值没有评估），他为国家贡献的利税至少有1400亿元。他带领玉溪卷烟厂从一个不为人知的小厂，一跃成为亚洲第一、世界第三的国际著名烟草企业集团。褚时健未进入玉溪卷烟厂时，对于这个行业，他是外行，但却能取得如此成就，充分体现了他在企业经营管理方面出类拔萃的才能。1994年，褚时健当选为全国"十大改革风云人物"，并被誉为"中国烟草大王"。

1995~2001年，褚时健处于人生低谷，但他依然老骥伏枥，开启人生新征途。2002年，74岁的褚时健与妻子在玉溪市新平县哀牢山承包荒山种橙，开始了他人生中的第二次创业。2008年的最后一天，云南当地媒体发布的"改革开放30年影响云南30位人物"中，褚时健排名第五。这是对他过去所做贡献的肯定。

2012年11月，褚时健种植的"褚橙"通过电商开始售卖，褚橙品质优良，常被销售一空。因为褚时健的人生经历，所以"褚橙"也被称为"励志橙"，他被誉为"中国橙王"。2012年，褚时健当选云南省民族商会名誉理事长。2014年12月18日，他荣获由人民网主办的"第九届人民企业社会责任奖特别致敬人物奖"。2018年1月，经过考察，褚时健将褚橙产业交给了儿子褚一斌，在踏入90岁之际完成了交接班。

褚时健从"中国烟草大王"到"中国橙王"，74岁再次成功创业，不愧为当代企业家活生生的励志榜样。

6. "中国魔水"健力宝创始人李经纬

健力宝承载着一代人的记忆，其创始人李经纬的一生充满了曲折。

李经纬还未降生的时候，父亲就在战乱中死去。母亲因无力抚养，把他放在了广州东山区孤儿院。稍大后，他就开始自谋生路，曾给人擦过皮鞋，做过印刷工人，在戏院给有钱人打过扇，他没进过一天学堂。

20世纪70年代，李经纬被当时的佛山市三水县体育运动委员会（以下简称体委）看中，提拔到县体委当了副主任，几年后，他又被县政府调到三水酒厂当厂长。这时，李经纬36岁，每天亲自背着米酒，到佛山和广州挨家挨户推销，当时这个小酒厂最高产值也只有130万元人民币。

1984年，李经纬获得一种集口感、营养和微量元素补充三大优点于一身的新型运动型饮料配方，推出了"健力宝"运动饮料品牌。这是中国第一种添加碱性电解质的饮料。随后，健力宝成为中国奥运代表团的首选饮料，在洛杉矶奥运会后一炮走红，被誉为"中国魔水"。当年小酒厂的销售额达到345万元，比原来的最高产值一下高了近3倍，第二年更上升到1650万元，第三年达到1.3亿元。在此后的15年里，健力宝一直是"民族饮料第一品牌"。

1985年，健力宝荣获"全国最佳运动饮料"，并成为人民大会堂国宴饮料。

1987年，广东健力宝有限公司成立。健力宝成为当年全运会的最大赞助商，声名大噪。1991年，健力宝在美国成立分公司，在全美推广健力宝饮料，并动用巨资购进纽约帝国大厦其中整整一层。1994年，健力宝隆重庆祝创业10周年，产品销售超过18亿元，名列全国饮料酿酒行业的首位。1994年把全球第一颗以企业命名的行星命名为"三水健力宝星"。1996年，健力宝的年销售额超过50亿元大关，这一数字是当时排名行业第二的娃哈哈的两倍多。

作为中国第一种添加碱性电解质的饮料，健力宝率先为国人引入运动饮料的概念。二十多年来，健力宝创造的"中国之最"达60多项，多次获得国家轻工业部优秀新产品奖，连续八年入选"全国五百强大型工业企业"，连续10年被评为"最受消费者欢迎的饮料"。

健力宝取得一系列喜人成绩后，也积极回报社会。1996年，健力宝出资1000万元支持中国航天事业，1998年为希望工程一次性捐款1000万元，在全国建立了40所希望小学，援助1998年抗洪赈灾款物达1326万元。从1984年开始，健力宝支持国家教育、体育、科技和赈灾等社会福利事业的资金达3亿多元。从1984年的第23届奥运会开始，健力宝先后赞助体育代表团参加了4届奥运会，赞助了第十一届、第十三届亚运会，赞助了第六届、第七届和第八届中华人民共和国运动会等大型体育赛事活动。健力宝的成长见证了中国体育事业的成长和腾飞。

巅峰时期，健力宝贡献了三水市近50%（上亿元）的税收，时任市委书记曾说："三水人每发100元，就有46元来自健力宝。"

此后，健力宝经历多年的辗转漂泊，于2016年再度易主。

7. 中国信息与通信技术的领导者任正非

如果一家世界五百强企业的掌舵人几乎不与媒体接触，表现得异常低调，在常人眼里确实属于异类，华为的创始人兼总裁任正非就属于这一类。

任正非于1944年10月25日出生在贵州省镇宁县，祖籍浙江省浦江县。1963年就读于重庆建筑工程学院（现已并入重庆大学），毕业后就业于建筑工程单位。1974年应征入伍加入承担这项工程建设任务的基建工程兵，历任技术员、工程师、副所长（技术副团级），无军衔。任正非也因在工程建设中的贡献出席了1978年的全国科学大会和1982年的中共第十二次全国代表大会。

1983年国家整建制撤销基建工程兵，任正非复员转业至深圳南海石油后勤服务基地。1987年，任正非开始了创业之路，集资21000元人民币创立了华为技术有限公司（以下简称华为）。创立初期，华为靠代理中国香港某公司的程控交换机获得了第一桶金。1992年任正非孤注一掷投入C&C 08机的研发。1993年末，C&C 08交换机终于研发成功。其价格比国外同类产品低2/3，为华为占领市场提供了优势。以此为基础，华为专注于信息与通信技术（ICT）的发展，坚持稳健经营、持续创新、开放合作的原则，在过去30年的奋斗历程里，一路不断超越原来的先行者。2013年，华为首次超过了具有120多年历史的全球第一大电信设备商爱立信，排名《财富》世界五百强第315位。目前，华为约有18万名员工，业务遍及全球170多个国家和地区，服务全世界 1/3 以上的人口。2016 年 8 月，全国工商联发布"2016 中国民营企业五百强"榜单，华为以 3950.09 亿元的年营业收入成为五百强榜首。8 月，华为在"2016 中国企业五百强"中排第 27 位。2017 年 6 月 6 日，《BrandZ™2017 年最具价值全球品牌 100 强》公布，华为列第 49 位。美国《财富》杂志发布了最新一期的世界五百强名单，华为以 785.108 亿美元营业收入首次进入前百强，排第 83 位，较上一年的第 129 位提升了 46 位。2017 年 6 月 30 日，华为技术有限公司荣获中国商标金奖的马德里商标国际注册特别奖。2018 年 3 月 30 日，华为官网发布了 2017 年年报，报告显示，华为业绩稳健增长，实现全球销售收入 6036 亿元人民币，同比增长 15.7%，净利润达 475 亿元人民币，同比增长 28.1%。2017 年华为持续投入未来，研发费用达 897 亿元人民币，同比增长 17.4%，近十年投入研发费用超过 3940 亿元。

支撑华为高速发展的核心是持续创新，一是在产品技术研发上创新，二是在管理上创新。2008 年，华为提交了 1737 项 PCT（Patent Cooperation Treaty，专利合作条约）国际专利申请，超过了第二大国际专利申请大户松下（日本）的 1729 项和皇家飞利浦电子有限公司（荷兰）的 1551 项。世界知识产权组织（WIPO）在其网站上公布了 2008 年全球专利申请情况，华为公司名列 2008 年 PCT 申请量榜首，入选专利申请世界之最。2011 年，华为在全球范围内获 6 大 LTE（Long Term Evolution，长期演进技术）顶级奖项，标志着华为在 LTE 技术研发、商用实践、标准专利、产业链整合等方面上的持续投入和巨大贡献获得业界的一致认可。截至 2014 年底，成功提案 665 件网络通信核心标准，占全球 1/4，居业界第一。也创建了 ETSIISGmWT（毫米波）、SDN（Software Defined Network，软件定义网络）、eLTE（基于先进的 LTZ 宽带技术）、灾备技术、互联网金融身份认证（IFAA）等产业联盟。

在管理创新上，华为创立了有效的激励机制。华为控股是 100% 由员工持有的民营企业，也是在世界五百强企业里，目前唯一一家没有上市的公司。股东会是公司最高权力机构，股东为华为投资控股有限公司工会委员会（以下简称"工会"）和任正非。工会作为公司股东参与决策公司的重大事项，由持股员工代表会审议并决策。持股员工代表会由全体持股员工代表组成，代表全体持股员工行使有关权利。公司通过工会实行员工持股计划，员工持股计划参与人数为 82471 人（截至 2014 年 12 月 31 日），参与人均为公司员工。任正非作为公司个人股东持有公司股份，同时任正非也参与了员工持股计划。截至 2014 年 12 月 31 日，任正非的总出资相当于公司总股本比例的约 1.4%。为了培养人才，公司实行董事会领导下的轮值 CEO（Chief Executive Officer，首席执行官）制度，轮值 CEO 在轮值期间作为公司经营管理以及危机管理的最高责任人，对公司的生存发展负责。2018 年 3 月，华为完成公司董事会换届选举。新一届董事会延续集体领导模式，与以往不同的是轮值 CEO 制度将不再运作，改为轮值董事长机制，尝试新的治理模式。轮值董事长的职责是对内聚焦公司的管理，通过领导董事会常务委员会和董事会的工作，引领公司发展。任正非依然没有担任董事长一职，只是保留公司 CEO，继续重点关注内部治理、公司发展的战略和关键要素建设等方面。

任正非领导下的华为取得了非凡的成就，他个人的成就也与公司相辉映。2003 年，任正非荣膺网民评选的"2003 年中国 IT 十大上升人物"；2005 年入选美国《时代》杂志全球一百位最具影响力人物；2011 年，任正非以 11 亿美元资产首次进入福布斯富豪榜，排名全球第 1153 名，中国第 92 名。2015 年福布斯华人富豪榜排第 350 位，全球富豪榜排第 1741 位。2016 年胡润 IT 富豪榜，任正非以 105 亿元资产排第 35 位。

8. 全球最大的零售交易平台缔造者马云

网络购物，在当今的现实生活中并不是什么新鲜事物，且逐渐成为了人们生活的一部分。自 1996 年 11 月中国第一宗网络购物事件发生后，随着互联网的高速发展，网购也迅速在国内流行起来。网购的便利性改变了传统的购物方式。根据中国电子商务研究中心（100EC.CN）发布的《2017（上）中国网络零售市场数据监测报告》显示，2017 年上半年中国网购用户达到了 5.16 亿人。另据国家统计局公布的数据显示，2017 年全国社会消费品零售总额约为 36.63 万亿元，其中全国网上零售额约为 7.18 万亿元，占比约为 19.6%。随着社会的发展，这些数据会呈现继续上升的趋势。在中国网购市场发展的先行者当中，马云创立的阿里巴巴至今依然是一马当先。

1964 年出生于杭州的马云曾言："男人的长相往往和他的才华成反比。"这句话用来形容他大学毕业出来工作后的人生会更恰当。因为在考上大学前，他中考考了两次才考上一所极其普通的高中，而高考却考了三次。1982 年第一次高考落榜后，他去酒店应聘服务生被拒，后来做过秘书、搬运工人，蹬三轮车给杂志社送书。或许他的这段人生经历，正是"苦其心志，劳其筋骨"。

1988 年，马云从杭州师范学院外语系毕业后，正式开启了他人生的不平凡旅程。同年在杭州电子工业学院担任英文及国际贸易教师。1995 年，马云创办了中国第一家互联网商业信息发布网站"中国黄页"，1998 年出任中国国际电子商务中心国富通信息技术发展有限公司总经理。本着"让天下没有难做的生意"的信念，1999 年，马云带领 18 人，凑够 50 万元人民币创办了阿里巴巴集团（以下简称阿里巴巴），并担任阿里巴巴集团 CEO、董事局主席。18 年后，2017 年员工人数是 73780 人（6 月），营业额达 1582.73 亿元人民币，注册资本达 59690 万美元，10 月 10 日，市值突破 4700 亿美元，超过了亚马逊。当今阿里巴巴的业务和关联公司的业务包括淘宝网、天猫、聚划算、全球速卖通、阿里巴巴国际交易市场、1688、阿里妈妈、阿里云、蚂蚁金服、菜鸟网络等。

2013 年 5 月 10 日，马云辞去了阿里巴巴集团 CEO，继续担任阿里集团董事局主席。

2014 年 9 月 19 日，阿里巴巴集团在纽约证券交易所正式挂牌上市。

2016 年 4 月 6 日，阿里巴巴正式宣布已经成为全球最大的零售交易平台。8 月，阿里巴巴集团在"2016 中国企业五百强"中排第 148 位。然而，马云在同年 6 月的第二十届圣彼得堡国际经济论坛发言时却说："我有生以来犯下的最大错误就是创建了阿里巴巴。我没有料到这会改变我的一生。我本来只是想成立一家小公司，然而它最后却变成了这么大的一家企业。"他一副悔不当初的样子，那些正在为自己的小公司生存而苦恼的小老板们听了这番话后，不知道会有何感想？或许站在巅峰的人总有些想法或行为会令在山脚下正仰望高峰的人感到迷惑。

马云的后悔，并没有改变公司前进的步伐。2017 年，阿里巴巴总营业收入达 1582.73 亿元人民币，同比增长 56%，净利润达 578.71 亿元人民币。其中，中国零售平台年度活跃买家增至 4.54 亿人，移动端月度活跃用户高达 5.07 亿人。

在阿里巴巴的业务当中，淘宝网和天猫较为耀眼。淘宝网是亚太地区较大的网络零售商圈，由阿里巴巴集团在 2003 年 5 月创立。淘宝网是中国深受欢迎的网购零售平台，拥有近 5 亿人的注册用户，每天有超过 6000 万人的固定访客，同时每天的在线商品数已经超过了 8 亿件，平均每分钟售出 4.8 万件商品。2017 年"双十一"，淘宝和天猫成交额再次刷新纪录，达到 1682 亿

元，无线成交额占比达 90%。全球消费者通过支付宝完成的支付总笔数达
14.8 亿笔，比 2016 年增长 41%。全球有 225 个国家和地区加入 2017 年天猫
"双十一"全球狂欢节。目前天猫已经有超过 1.2 万个国际品牌、18 万个知
名大品牌、8.9 万家旗舰店，在福布斯全球最有价值消费者品牌中，近 80%
品牌已入驻天猫。

马云利用互联网创建了阿里巴巴，在颠覆传统的销售模式上产生了巨大
的影响力。

关于马云的个人财富情况，2014 年 8 月 28 日，据彭博亿万富豪指数统
计，马云已经拥有 218 亿美元净资产，成为中国首富。同年 12 月 11 日，据
彭博亿万富翁指数统计，马云身家反超李嘉诚 3 亿美元，成为亚洲首富。
2017 年 11 月 16 日，2017 年福布斯中国富豪榜公布，马云以 2554.3 亿元财
富，排第三位。

9. 改变生活沟通方式的马化腾

在当今的社交沟通方式中，手机成为了人们的生活甚至是工作的一部分，
而微信是手机用户基本必备的社交沟通工具。微信的创造者是新生代潮商马
化腾创立的腾讯公司。

马化腾于 1971 年出生在广东省汕头市潮南区，曾在深圳大学主修计算机
及应用，于 1993 年取得深圳大学理科学士学位。在创办腾讯之前，他曾在中
国电信服务和产品供应商深圳润迅通信发展有限公司主管互联网传呼系统的
研究开发工作，在电信和互联网行业拥有十多年经验。

1998 年 11 月，马化腾、张志东、许晨晔、陈一丹、曾李青共同创立了
深圳市腾讯计算机系统有限公司。腾讯是目前中国最大的互联网综合服务提
供商之一，也是中国服务用户最多的互联网企业之一。腾讯的业务有社交和

通信服务 QQ、微信（WeChat），社交网络平台 QQ 空间，腾讯游戏旗下 QQ 游戏平台，门户网站腾讯网，腾讯新闻客户端和网络视频服务腾讯视频等。

每个创业者都有一段不平凡的故事。腾讯在创业初期并不一帆风顺。创业初期，腾讯的业务主要是做网页、做系统集成和做程序设计。由于不懂市场和市场运作，腾讯的产品拿出去向运营商推销，常被拒之门外。和其他刚开始创业的互联网公司一样，资金和技术是腾讯最大的问题。

1999 年 2 月，腾讯正式推出第一个即时通信软件 OICQ，后改名为腾讯 QQ，受到用户欢迎，注册人数疯长，11 月，QQ 用户注册数突破 6 万人。人数增加就要不断扩充服务器，但那时一两千元的服务器托管费对公司来说都不堪重负。

2000 年，第一次网络泡沫席卷了整个中国互联网，腾讯进入了最为困难的时期，在面临资金困难时，曾险些把开发出的 ICQ 软件以 60 万元的价格卖给深圳电信数据局，但终因价格原因告吹。"祸兮福之所倚"，如果当时成交了，就没有今天的腾讯了。软件卖不掉，但用户增长却很快，运营 QQ 所需的投入越来越大，马化腾只好四处去筹钱，曾希望用钱来换股份，但因 QQ 的发展前景不被看好而遭到拒绝。为钱操心成为许多企业家创业时难以避免的经历。无奈之下他只好拿着改了 6 个版本、20 多页的商业计划书开始寻找国外风险投资，最后获得 IDG 和盈科数码的第一笔投资。腾讯才总算渡过难关，发展也逐渐步入正轨。

2004 年，腾讯公司在香港联合交易所主板公开上市（股票代号 00700），董事会主席兼首席执行官是马化腾。这是腾讯发展史上的一个里程碑，腾讯从此踏入了高速发展的快车道。

2009 年，腾讯入选《财富》"全球最受尊敬 50 家公司"。

马化腾成为《财富》2014 年"中国最具影响力的 50 位商界领袖"排行

榜第一位。

2015 年 2 月 13 日，马化腾入选"2014 中国互联网年度人物"活动获奖名单；3 月 2 日，《福布斯》发布 2015 年福布斯中国富豪榜单，马化腾以 161 亿美元财富排名第六；4 月，《财富》2015 年"中国最具影响力的 50 位商界领袖"排行榜中马化腾荣登第二位。

2017 年 7 月 17 日，《福布斯富豪榜》发布，马化腾以净资产 324 亿美元排第二十三位。2017 年 8 月 7 日，腾讯股价盘中再创历史新高价 320.6 亿港元，马化腾身家达 361 亿美元成为中国首富。

看到腾讯今日取得的有目共睹的成就，当初拒绝马化腾用钱换股份的那些人不知道现在有何感想？

在腾讯现有的业务当中，QQ、微信（WeChat）、社交网络平台 QQ 空间对人们的日常生活影响最大。

QQ 是 1999 年 2 月由腾讯自主开发的产品。从此之后，QQ 聊天和一只小企鹅成为人们在生活和工作方面社交的重要沟通方式的标志，一直影响至今。"每一天，乐在沟通"是 QQ 的口号。QQ 作为腾讯公司推出的一款横跨 PC 和移动互联网时代的即时通信（IM）平台，目的是让 QQ 成为中国年轻用户最喜爱的社交平台之一。其功能日益丰富，用户可以随时随地与好友聊天、视频、斗图，用主题、气泡、挂件等个性装扮让自己与众不同，在这里结交趣味相投的新朋友；用厘米秀开启年轻人专属的个性化聊天模式；畅游在动漫、文学、手游的娱乐海洋里；体验 QQ 钱包带来话费充值、网购、转账收款的全新移动支付方式。QQ 具有与手机聊天、视频通话、语音通话、点对点断点续传传输文件、传送离线文件、共享文件、QQ 邮箱、网络收藏夹、发送贺卡和储存文件等功能。QQ 不仅仅是简单的即时通信软件，它与全国多家寻呼台、移动通信公司合作，实现了传统的无线寻呼网、GSM 移动电话的短消息互联，是国内最流行、功能最强的即时通信（IM）软件。腾讯 QQ 支持在线聊天，即时传送视频、语音和文件等多种多样的功能。同时，QQ 还可以与移动通信终端、IP 电话网、无线寻呼等多种通信方式相连，使 QQ 不仅仅是单纯意义的网络虚拟呼机，而是一种方便、实用、超高效的即时通信工具。截至 2017 年第一季度，月活跃账户数达 8.61 亿人，最高同时在线账户达到 2.66 亿人。这些数据足以证明 QQ 的受欢迎程度。

腾讯对当今社交沟通方式改变的另一重要贡献就是创造了微信。微信自 2011 年上线至今，为数以亿计用户的生活带来改变，成为低头族的至爱。综合即时沟通、娱乐社交和生活服务为一体的新移动生活方式功能在微信里逐步形成。用户可以通过发送语音、图片和文字信息实现多种形式的即时沟通；"摇一摇"及"附近的人"创造了一种全新的社交体验；"朋友圈"分享生活点滴，带动熟人社交；"游戏中心"及"表情商店"提供更多娱乐休闲生活体验；"公众平台"让每一位用户都能打造自己的品牌，也让更多的创新不断涌出；微信支付开启了移动生活的大门；小程序连接更多线下商家与线上用户。

微信提供的闭环式移动互联网商业解决方案中，涉及的服务能力包括移动电商入口、用户识别、数据分析、支付结算、客户关系维护、售后服务和维权以及社交推广等。这也预示着微信再次加大商业化开放步伐，为合作伙伴提供连接能力，助推企业用户商业模式的移动互联网化转型。微信支付是集成在微信客户端的支付功能，用户可以通过手机完成快速的支付流程。微信支付以绑定银行卡的快捷支付为基础，向用户提供安全、快捷、高效的支付服务。通过为合作伙伴提供"连接一切"的能力，微信正在形成一种全新的"智慧型"生活方式。其已经渗透到以下传统行业，如微信打车、微信交电费、微信购物、微信医疗和微信酒店等。为医疗、酒店、零售、百货、餐饮、票务、快递、高校、电商和民生等数十个行业提供标准解决方案。

2016 年第二季度，微信已经覆盖中国 94% 以上的智能手机，月活跃用户达到 8.06 亿人，覆盖 200 多个国家、超过 20 种语言。此外，各品牌的微信公众账号总数已经超过 800 万个，移动应用对接数量超过 8.5 万个，广告收入增至 36.79 亿元人民币，微信支付用户则达到了 4 亿人左右。

2018 年 2 月，微信全球用户月活数首次突破 10 亿人大关。

"微信，是一个生活方式。"

10. 中国首善企业家曹德旺

中国古人认为貔貅是能转祸为祥的吉祥之兽，可带来好运。因此，自古至今，上至帝王、下至黎民百姓都对它喜爱有加。貔貅吞万物而不泄，是一种只进不出的灵兽，很多生意人都喜欢用貔貅招财，寓意财富只进不出，不会散财。但福耀玻璃公司董事长、创始人曹德旺却反其道而行之，抛出与众不同的观点，认为貔貅只进不出，很小气，做吉祥物就应该有进有出。财富如果不漏的话就会撑死，应该要漏，所以他在家门口摆的那只很大的貔貅臀部位置挖了一个洞。这可能是千古一绝的奇观。但却显示出了曹德旺独特的人生观和价值观，即将财富回馈社会。

曹德旺的父亲曾经是上海著名的永安百货的股东之一。因时局动荡，父母亲决定举家迁回老家——福建福州福清。离开上海时，父亲带全家坐油轮，财产全部托运在另一条运输船上。但不幸的是人到家之后，物却没有回来，那条船不知所终。家中顿时变得一贫如洗。上天给他开了一个玩笑，曹德旺有富二代的命，但没有享受富二代福的命，最终还得靠自己打拼。

曹德旺于 1946 年出生，9 岁才上学，14 岁就被迫辍学。他在街头卖过烟丝、贩过水果、拉过板车和修过自行车，经年累月一日两餐食不果腹，在歧视者的白眼下艰难谋生，尝遍了常人难以想象的艰辛。那是精神和肉体蒙受的双重苦难，但他并未逆来顺受，而是不断地与命运抗争。

1976 年，曹德旺开始在福州福清市高山镇异形玻璃厂当采购员，他的工作是为这家乡镇企业推销人称"大陆货"的水表玻璃。1983 年，曹德旺承包了这家年年亏损的乡镇小厂。以"为中国人做一片自己的玻璃"作为发展目标，1986 年，40 岁的曹德旺开始转向汽车维修玻璃行业，成为第一个进入汽车玻璃行业的中国企业。此后不久，在汽车维修市场上，曹德旺用自己生产出来的汽车玻璃替代了日本的进口汽车玻璃，彻底改变了中国汽车玻璃市场100%依赖进口的历史。

1987 年，他用第一桶金建立了耀华汽车玻璃公司（福耀集团的前身）。

1993 年，福耀玻璃登陆国内 A 股，是中国第一家引入独立董事的公司，是中国股市唯一一家现金分红是募集资金 15 倍的上市公司。

多年来，福耀坚持每年投入巨额研发费用。今天，福耀玻璃的部分高新技术产品代表当今世界上最高的制造水平，并拥有独立的知识产权。

经过 30 余年的发展，福耀集团已在中国 16 个省市以及美国、俄罗斯、德国、日本、韩国等 9 个国家和地区建立了现代化生产基地，并在中国、美国、德国设立了 4 个设计中心，全球雇员约 2.6 万人。销售到 69 个国家，市场占有率达 23%。如今，福耀集团已成为全球规模最大的汽车玻璃专业供应商，产品得到全球顶级汽车制造企业及主要汽车厂商的认证和选用，包括宾利、奔驰、宝马、奥迪、通用、丰田、大众、福特、克莱斯勒等，为其提供全球 OEM（Original Equipment Manufacturer，定点生产）配套服务和汽车玻璃全套解决方案，并被各大汽车制造企业评为"全球优秀供应商"。

福耀集团多年蝉联《财富》中国五百强、中国民营企业五百强，多次获得"中国最佳企业公民""中国十佳上市公司""CCTV 最佳雇主"等社会殊荣。于 2016 年荣获全球玻璃行业最高奖项——金凤凰奖，评委会称"曹德旺带领福耀集团改变了世界汽车玻璃行业的格局"。

2001~2005 年，曹德旺带领福耀团队艰苦奋战，历时数年，花费 1 亿多元，相继打赢了加拿大和美国的两个反倾销案，震惊世界。福耀玻璃也成为中国第一家状告美国商务部并赢得胜利的中国企业。以致美国商务部部长在 2006 年访问中国时，点名要约见曹德旺。

"安永企业家奖"有企业界奥斯卡之称，于 1986 年在美国首次举办。历年来由全球最成功及最富创新精神的杰出企业家获此殊荣。作为一项享誉全球的企业家奖项，安永企业家奖评比的是企业家精神、企业家责任和企业家的综合素质，为此，安永企业家奖设立了六项入选条件：一、是否从无到有，白手起家；二、是否始终诚信经营；三、是否有良好的经营业绩；四、是否注重节能减排、环境保护；五、是否具有全球影响力；六、是否注重知识产权，可持续发展。2009 年 5 月 30 日，代表中国区参选的曹德旺董事长最终获得评委的一致好评，从竞选者中脱颖而出，一举拿下本次大奖。这也是该奖项设立以来，首位华人企业家获此殊荣。

曹德旺认为，"企业家若没有责任感，充其量是富豪"。不一样的经历让曹德旺对财富和分配有着独特的见解和体会，他认为自己的所有成就都是在社会各界的共同努力下得来的，同样在社会需要的时候也应该还给社会，把财富用于最需要帮助的人。根据福耀玻璃官方网站显示，到目前为止，曹德旺累计捐款超过 110 亿元人民币，捐助范围涉及社会救灾、扶贫、助学等各方面。2011 年 5 月，曹德旺捐出名下 3 亿股福耀玻璃股票，发起成立河仁基金会，获得有关部门批准，捐赠当天市值高达 35.49 亿元，是当时我国资产规模最大的基金会，开创了股票形式支持社会公益的先河。他也因此连续多次获得"中华慈善奖"这一国内最高慈善奖项，被社会各界称为"真正的首善"。在 2018 年 3 月的全国两会上，曹德旺的儿子、全国政协委员曹晖在小组讨论时说："父亲把我们家所有的财产基本捐光了，我出来创业，目前的负债率是 70%。"他表示非常支持父亲的捐款行动。

从下列的一些捐款事项，可以更多地了解曹德旺所参与的慈善公益活动。

1998 年，他亲自飞往武汉洪灾区考察，个人捐出 300 万元，加上公司员工捐款等共筹资 400 万元经由中央电视台汇出。同年，他也向闽北灾区建瓯市捐出 200 万元；

2002 年，捐助"关心下一代" 420 万元；

2004 年，他先后捐出 500 万元和 800 万元，用于修建福厦高速公路宏路出口与 316 国道连接道路以及福清三条农村公路；

2005 年春节来临之际，他捐资 70 万元给永泰县福利院，帮助农村贫困老人过个好年；捐 300 万元用于拓宽高速公路宏路出口处公路，捐 600 万元修建福清高山中学科技楼；

2006 年，捐资 247 万元帮助福建灾区学校重建；为海南省文昌市捐资 500 万元；

2006 年 6 月的闽北洪灾，他又捐 200 万元，福清基地员工捐 47 万多元，用于闽北小学教学楼重建；

2007 年，每年捐资 150 万元在西北农林科技大学设立"曹德旺助学金"，定向定额捐赠 10 年累计 1500 万元；

2008 年，汶川地震，曹德旺多次亲赴灾区，先后捐赠 2000 万元；

2009 年，捐赠公益共计 2900 万元；

2010 年 5 月，曹德旺通过中国扶贫基金会向西南五省 10 万户贫困家庭捐赠善款 2 亿元；

2010 年~2011 年 4 月捐款 12 亿元，善款分配如下：玉树 1 亿元，西南五省区市干旱重灾区 2 亿元，福州市公益事业 4 亿元，福清市公益事业 3 亿元，2011 年 4 月为厦门大学捐款 2 亿元；

2010 年 10 月，捐资 2000 万元建南京大学河仁楼，推动河仁社会慈善学院建设成为慈善救助、人才培养的基地；

2010 年 12 月，历经三年锲而不舍地与中央各部委沟通、磋商，并请各领域专家进行论证和指导，曹德旺捐出价值数十亿元的福耀玻璃股票所成立的河仁慈善基金会在递交申请三年后终于正式获批，是中国当时资产规模最大的公益慈善基金会。

2011 年 4 月正式过户，曹德旺明确表示："我的股票从过户那一刻登记到他的名下的时候，基金会将彻底与曹家剥离，基金会拥有完整股权。"这是送予中国慈善机构的一笔费用。

2011 年中国慈善排行榜于 2011 年 4 月 26 日在国家会议中心正式揭晓，本届慈善榜显示，曹德旺以 2010 年个人捐款逾 10 亿元的突出表现名列榜首，获年度"中国首善"称号。

曹德旺还捐资 1.9 亿元建设"福清德旺中学"，新校区按照省一级达标中学的标准设计，划分为行政办公、教学、生活和运动 4 个功能区，建筑面积达 7 万平方米。教学区建有现代化的教学大楼，教育教学设施设备先进。"宏志班"的学生免交学杂费、代办费（含课本、簿籍、校服等）和住宿费三项费用，每月给予 500 元生活费补助，每年寒暑假家校往返交通费予以报销，并给予品学兼优的学生丰厚的年度奖学金。

曹德旺还认真监督捐款的落实情况，实行问责方式。因为年轻时吃过苦，曹德旺对每一分钱都精打细算。用他的话说："该花一万花一万，该省一分省一分。"所以在捐款协议中，曹德旺的条件十分"苛刻"：扶贫基金会应在半年内将 2 亿元善款发放到 10 万农户手中，且差错率不超过 1%，基金会违约将赔偿，管理费则不超过善款的3%，而"行规"一般为10%。为了保证善款发到每一个应该收到钱的人手中，而不是被"雁过拔毛，层层拦截"，曹德旺成立了专门的监督委员会，并请新闻媒体全程监督，要求基金会每10天向他递交项目进展详细报告，监督确保捐款的落实。这种方式无疑是对现行捐款体制的一次挑战，也开创了中国捐赠者对公益捐款问责的先河。

中国汽车玻璃行业的发展历程因为曹德旺而改变；当今中国企业家的慈善事业因为曹德旺而更精彩。中国需要越来越多的曹德旺式企业家。

六、跨越千年的经商之道

在中国三千多年的商业史中，从商族人王亥到今天纵横捭阖的企业家们，他们成功的经商之道在传承上却没有因为时代的变迁和朝代的更迭而流失，依然被一代又一代的优秀企业家们当作金科玉律坚持践行着。他们成功的经商之道可归结为：异地买卖、贩贱卖贵、择地治生、捕捉市场信息、冒险精神、创新精神、薄利多销、诚实守信、乐善好施、爱国主义精神和勤俭精神。下面分别予以简述。

1. 异地买卖

在商业贸易的初期，部落之间的交易就是互相交换各自所需的物品。这种原始的以物易物方式是需要将物品从一个地方拉到另外一个地方才能实现的。中国商业的创始人王亥就是带着货物到其他部落进行交易的，最远到达黄河以北的地方。后来发展到将一个地方的物产运到另外一个地方销售，通过差价来获取利润。这种通过产品的互通有无来满足市场需求的贸易方式一直延续至今。沧海桑田，虽然物品的种类和质量早已经发生了变化；交通工具也从牛、马、船等发展到轮船、火车、汽车、飞机；贸易的范围从原来局限于一个区域发展到今天的全球化；贸易的洽谈和交易方式从原来的商人之间的面对面到今天的互联网交易。但这些革命性的变化并没有改变物品异地买卖的方式和贸易的本质。这种异地买卖的贸易方式经历了几千年，直到今天依然为人们所用。

2. 贩贱卖贵

贩贱卖贵的意思指做商品买卖时以低价买进以高价卖出来获利。当物品供大于求时，自然会贬值，而供不应求时，则会升值。春秋战国时的范蠡、白圭、吕不韦都是因贩贱卖贵而成巨富。范蠡主张做买卖生意要贵出贱取，就是当商品价格涨到最高点时，要果断将商品出手；当商品价格跌落到最低点时，要像珠玉一样买进。据《史记·吕不韦列传》记载，"吕不韦者，阳翟大贾人也，往来贩贱卖贵，家累千金。"白圭采取"人弃我取，人取我与"的方法来经商，意思是当别人不太需要某种物品时，一定会低价出售，这时候我就买入；当人们急需某种物品时，价格就会上涨，这时候我再将物品出售。这种贩贱卖贵是生意上的一种基本市场行为，所以历代商人以此作为谋利手段而发家致富。

3. 择地治生

择地治生是指好的地点有利于生意兴隆。选择经商环境，做生意要选择位置好、人流量大、有利于接生意的地方，正所谓"一步差三市"，就是这个道理。交通要道重镇历来不仅是兵家必争之地，同时也是商贸要地。例如，范蠡三次迁徙至交通要地陶（今菏泽定陶区），在这里"三致千金，聚财巨万"，自称陶朱公。元末明初的江南第一豪富沈万三把周庄作为商品贸易和流通的基地，利用白砚江（东江）西接京杭大运河，东走浏河的便利，把江浙一带的丝绸、陶瓷、粮食和手工业品等运往海外，通过对外贸易活动，使他迅速"资巨万万，田产遍于天下"。陆上丝绸之路的东方起点长安（今西安），作为中国的政治、经济、文化中心长达千余年，先后有 21 个王朝和政权建都于此，是十三朝古都，成为东方文明的中心。在盛唐时期，长安是当时规模最大、最为繁华的国际都市，所以这里自然成为经商的理想之地，商贾云集。著名的清明上河图描绘了北宋都城东京（又称汴京，今河南开封）的繁荣景象，也是北宋城市经济情况的写照。汴京已经是人口超百万的大型城市，是当时世界上最繁华、最大的城市，商业繁荣，市场极为发达，城中店铺达 6400 多家。每天人流如织，饮食兴旺。夜市也更加兴盛，往往直到三更方散，市场交易活跃。今天的北京、上海、广州、深圳等经济繁荣的一线城市，同样是商人经商的首选之地。

4. 捕捉市场信息

捕捉市场信息，及时了解市场动态，先人一步，就能把握商机。这是商人必须具备的能力。孔子的弟子子贡不仅在学业、政治方面有突出的成就，而且也善于经商。他能及时掌握市场行情，"亿（预测）则屡中"，并"与时转货"。例如，御寒棉被是人们冬天的必备物品，一年的冬天，子贡听闻吴国要出兵时值冰天雪地的北方，他预测吴国必定会征收丝绵给部队使用，到时市场需求增大会使价格提升。于是他便四处收购丝绵，果然不出他所料，丝绵很快就被抢购一空，子贡也因此获利颇丰。战国时的富商吕不韦十分注重洞察市场情况。一次他到卫国准备贩运木材，发现卫国的高粱长得十分粗壮茂盛，心想今年必会丰收。无意间随手折断几支高粱，他发现里面有害虫，顿时打消了去贩木材的念头，转而抢购高粱。当时人们认为粮食丰收在即，便大量低价出售。等高粱快成熟时，却因为虫害而出现大面积死亡，粮食价格随之暴涨。吕不韦趁机抛售原先购入的高粱，挣了一大笔钱财。商人往往都是凭借敏锐的商业触觉去捕捉商机，马云创建阿里巴巴的灵感来自于一次到美国意外预感互联网对未来发展趋势的影响。1995 年，马云受浙江省交通厅委托到美国催讨一笔债务。结果债讨不成，却得到了一个影响他人生的意外收获。在西雅图，马云人生第一次接触到互联网。刚学会上网就为他的翻译社在网上做广告，上午 10 点在网上发了广告，令他十分惊讶的是在中午 12 点前，他居然收到了 6 个分别来自美国、德国和日本的电子邮件，说这是他们看到的有关中国的第一个网页。马云立刻意识到互联网的发展潜力。他回国后就马上创办了一间电子商务公司，叫作"中国黄页"，从此开始了他的互联网事业。

5. 冒险精神

冒险精神对商人而言可以说是相生相伴的。商人经商也是一场冒险之旅。经商的风险区别在于大小，轻则破财，重则招来牢狱之灾，甚至是家破人亡。这种风险从中国商业创始人王亥就已经开始了。王亥最后一次到今河北省易县一带与有易国之君绵臣交易时被杀，货物被掠夺，就证明了经商的风险性在那个时候已经存在，而且经商的风险性并没有因为时光的变迁而改变。"富贵险中求"也是对经商冒险的形象说法。冒险有坏的一面，也有从中获利的好的一面。然而，并不是所有商人都因为冒险而最终结局不好，一品红顶商人王炽就是一个好的例子。同治末年，川东道库急需向四川布政司解缴白银三万两却一时无法凑足。道署向重庆川帮商界洽商借款，但无一家愿意借出。官员们情急之下找到天顺样，没想到王炽竟一口应承，并且不要利息。正因为王炽胆略过人，敢于冒险，使他和官府打下良好基础，为日后的发展创造了机遇。除此之外，当今许多成功的企业家依然秉承着商人的冒险精神在商场为了他们的事业而打拼。

6. 创新精神

创新是商人一直传承的一种精神，从商业创始人王亥发明了训牛方法并利用牛作为贩运物资的交通工具以来，在每一个时代的企业家身上都体现着创新精神。晋商在中国商业史上创造了股份制制度。直到今天任正非、张瑞敏、董明珠等企业家们，他们领导的企业所取得的成就无不体现着他们的创新精神。

7. 薄利多销

薄利多销是指通过降低价格、降低利润来扩大销售从而增加总收益的策略。这种营销策略一直以来都被商人奉为经商的信条之一。春秋战国时的范蠡主张薄利多销，不谋求暴利，坚持经商求诚信、求道义的原则，才能真正实现长久经营而获利。与范蠡持相同观点的"治生之祖"白圭也反对囤积居奇而牟取暴利，认为"薄利多销，积累长远"才是商人经营的基本原则。乔致庸"人弃我取，薄利广销"的经营理念也是一脉相承。他们坚守的这种经商原则，影响了一代又一代的商人，直到今天依然被人们践行着。

8. 诚实守信

诚信不仅是立人之本，而且也是经商之本。儒商鼻祖子贡坚持以诚待人、诚信交易，为后人树立了榜样，所以人们将子贡遗留下来的诚信经商之风称为"端木遗风"。司马迁在《史记·货殖列传》中也赞扬了子贡在仁义、诚信上的修为。胡雪岩在胡庆余堂亲笔书写"戒欺"一匾高悬于厅堂，被奉为店训。药业关系性命尤为万不可欺。坚持"采办务真，修制务精"，入药的药材一定要"真"，力求"道地"，从源头就优选药材质地，制药上要精益求精。对顾客"真不二价"，只卖一个价，童叟无欺。乔致庸以儒术指导经商，"维护信誉，不弄虚伪"，信奉"一信、二义、三利"的经营理念，即以信誉徕客，以义待人，信义为先，利取正途。"冠生园"的创始人冼冠生以坚持真材实料、以诚待客而闻名。

9. 乐善好施

中国商人自古就有乐善好施的义举。遇上天灾人祸，范蠡开粥场赈济灾民。《吕氏春秋》记述了孔子的学生子贡出巨资从外国赎回一批鲁国奴隶的善举。鲁国有一道法律：如果鲁国人在外国见到同胞遭遇不幸，沦落为奴隶，只要能够把这些人赎回来帮助他们恢复自由，就可以从国家获得补偿和奖励。子贡把鲁国人赎回来后，却拒绝了国家的补偿。伍秉鉴捐款建立不收取任何医疗费用的博济医院。胡雪岩设立粥厂、善堂、义塾，修复名寺古刹，在全盛时期开创的胡庆余堂将他救死扶伤的对象范围扩大到全天下所有的百姓。今天的企业家们如曹德旺、马云、任志强等，参与扶贫、资助教育、环保等各种公益活动。

10. 爱国主义精神

"国家兴亡，匹夫有责"，国家的兴盛和衰败与每一个人都有关系，所以人人都有义不容辞的责任。家国情怀一直是我国历史上商人的爱国主义传统。《史记》中记载了春秋时期郑国的一个牛贩子，用自己的智慧，勇退秦国大军，挽救了自己国家的故事。一天，秦军直捣郑国，路上遇上了郑国的一个牛贩子。牛贩子一见秦军往郑国的方向来，知道不妙。此时郑国又毫无防备，必定危在旦夕，在仓皇间，一方面，他立刻派侍从快马加鞭向郑国报信，以作防备。而另一方面，他故弄玄虚，赶着牛群向秦国大军走去，说是郑国派他带这些牛前来慰劳秦军的。秦国将领听后觉得郑国既然已知道此事，肯定有准备，想偷袭也难了，于是撤军，撤军路上，不幸遭到晋国的大军埋伏，最终导致全军覆没。爱国忠君的"三代一品红顶商人"王炽，由于八国联军进京，慈禧和光绪从北京逃往西安，西安天顺祥多次接济。慈禧回到北京，对王炽大为赞赏，还下旨召见，可惜王炽当时已经生病。1883 年爆发了中法战争，他又毫不犹豫地慷慨解囊支持抗法。晚清名臣李鸿章曾称其"犹如清廷之国库也"。胡雪岩协助清廷陕甘总督左宗棠挥师西进收复新疆有功，被授予布政使衔（三品），赏穿黄马褂，官帽上可佩戴二品红色顶戴，并总办"四省公库"。胡雪岩还曾两度赴日本高价回购流失在日本的中国文物。明中后期徽商积极参与抵抗倭寇侵略的斗争，乃至近代徽商为了抵御外国入侵，踊跃捐资捐物。在近代，民族资本家抗日救国的大义之举，可歌可泣。

11. 勤俭精神

许多商人从小本生意做起，由小到大，经过拼搏和财富的日积月累，才成为富商巨贾。无论是小商人还是大富商，他们创业时的家境并不都是富裕的，甚至有些人是贫困的。他们发家致富后，即使生活有所改善，也不忘记财富来之不易，所以依然保持勤俭的作风，并以此教育下一代，成为家训。被誉为"中国船王"的卢作孚衣着朴素、生活简朴。1942 年春天，在许多民生职员搬到重庆南岸的"民生新村"之后，卢作孚一家 7 口才住进红岩村 2 号大约 40 平方米的公司宿舍里，厕所在屋外的菜地里，但这已经是他们家住得最宽敞、最好的时候。全家老少一直靠他的一份工资生活。任正非作为目前全球通信设备行业最大公司的创始人，2016 年胡润 IT 富豪榜，他以 105 亿元财富排名第三十五，但他并没有因此奢靡，依然保持朴素、低调的作风。已过 70 岁的他仍然独自一人和普通员工一样在食堂排队打饭，一个人打出租车也是常事。中国最大、全球第五的食品饮料生产企业娃哈哈集团创始人宗庆后，在 2016 年胡润华人富豪榜上，宗庆后家族以 1120 亿元财富排第五位。虽然身为富豪，但宗庆后的生活作风、习惯却并没有多少改变，依然每天工作十几个小时，坐飞机出行选经济舱，乘坐高铁坐二等座，保持最常见的普通衣着习惯，浅蓝色短袖衬衫，脚穿皮凉鞋。

12. 商训

除了上面提及的一些经商之道外，还有一些经商世家和商帮经过岁月的沉淀积累，逐渐形成了自己的经商理念，制定了自己的经商训律，成为代代相传的商训。这些商训都值得后人借鉴。

陶朱公范蠡创立的商训——

能识人：知人善恶，账目不负。

能接纳：礼文相待，交往者众。

能安业：厌故喜新，商贾大病。

能整顿：货物整齐，夺人心目。

能敏捷：犹豫不决，终归无成。

能讨账：勤谨不怠，取行自多。

能用人：因才四用，任事有赖。

能辩论：生财有道，阐发愚蒙。

能办货：置货不苛，蚀本便经。

能知机：售贮随时，可称名哲。

能倡率：躬行必律，亲感自生。

能运数：多寡宽紧，酌中而行。

另外，陶朱公还著有天、地、人、神、鬼五字商训——

天：为先天之智，经商之本；

地：为后天修为，靠诚信立身；

人：为仁义，懂取舍，讲究"君子爱才，取之有道"；

神：为勇强，遇事果敢，敢闯敢干；

鬼：为心机，手法活络，能"翻手为云，覆手为雨"。期限要约定，切勿延迟，延迟则信用失。

在晋商的乔家大院里，挂着乔家的商训，上面写着"经商处事首以信为重，其次是义，第三才是利。唯无私才可讼大公，唯大公才可以无怨，宁愿自己赔钱，也要维护商号名声"。

商帮团体也有形成自己的商训，如徽商商训——

斯商：不以见利为利，以诚为利；

斯业：不以富贵为贵，以和为贵；

斯买：不以压价为价，以衡为价；

斯卖：不以赚赢为赢，以信为赢；

斯货：不以奇货为货，以需为货；

斯财：不以敛财为财，以均为财；

斯诺：不以应答为答，以真为答。

第五章

企业家领导力

　　本章主要对企业家精神、领导力理论和企业家领导力模型进行阐述。从学者、企业家和政府三个不同的角度对企业家精神进行解读；对领导力的定义做归纳和总结，分析中西方在领导力理论方面的研究成果、西方领导力理论在中国的应用情况和领导力的培养；最后阐述了企业家领导力的概念及企业家领导力模型的构成要素。

一、企业家精神

关于企业家的定义，我们已在第一章中做了介绍。而对于企业家精神的理解，人们也有不同的解释。人们日常在使用"企业家"和"企业家精神"这两个概念的过程中常常出现互换现象，但它们在本质上是有所区别的。对于这种情况，彼得·德鲁克也认为这两个词的定义令人混淆不清。通常情况下，企业家是指人的意思，而企业家精神则是一个抽象性的概念，具体是指企业家在精神层面的意识形态、价值观、思维方式和心理状态，包括了道德品质，如诚实、正直、责任心等。企业家精神是企业家行为的指引准则，是企业家自身素质的一个构成部分。本章我们分别从学者、企业家和政府三个不同的角度来看他们对于企业家精神的理解。

1. 学者对企业家精神的理解

企业家精神最早是由弗兰克·H. 奈特正式提出来的，意思是指企业家的才能和才华。随着社会的发展，人们对企业家精神这一概念的认识也不断地深入，企业家精神也被赋予越来越多的含义。中外学者普遍认为创新、承担风险、积极主动、锐意进取、风格和品质等是企业家精神的显著特征。除此之外，他们对企业家精神又有各自的具体解读。

国外学者彼得·德鲁克认为无论是对个人或是对组织而言，企业家精神都是一种独有的特征，是一种行动，但不是人格特征，这种特征就是创新。兰德斯、莫克和鲍莫尔（2016）解释企业家精神是指对收益机会高度敏锐而且极其渴望利用这类机会的人所从事的活动。换而言之，企业家精神是一种行为方式，通过获取和管理资源去寻找商业机遇，发现和开发有利可图的生意，目的是为了创造个人财富，以及由此产生的结果也是创造社会价值。从事这种行为活动的可以是个人、团队或组织。这些活动包括尝试新业务，如自我创业，建立一个新的商业组织，或扩展现有的业务；尝试创造新的公共活动，如新的公共机构，或扩展现有的机构；任何创新的尝试，如推出新产品或服务、新的战略发展、新的资源组织、进入新市场、创造新领域，或任何增加经济或社会价值的行动。这些活动测量的要素有控制点、自我效能感、风险倾向、创造力、自信、感知机会的能力、领导力、责任心，以及所有其他的个人、认知和感性的企业家特征。因此，企业家精神是获得竞争优势和超越竞争者的基础。

国内学者张维迎和盛斌（2014）认为企业家精神就是冒险精神、创新精神、不满足精神和英雄主义精神。丁栋虹（2015）认为企业家精神是指企业家在运营企业过程中体现出来的心理状态、价值观点、思维方式和精神素质。企业家精神是通过企业家行为表现出来的，体现在企业的商品生产和经营活动中。他还提出企业家精神有三个层次，包括个体层次的企业家精神、公司层次的企业家精神和社会层次的企业家精神。个体层次的企业家精神是以创新精神为核心的一种综合精神品质，包括冒险精神、敬业精神、合作精神和强烈的社会责任感等。公司层次的企业家精神是指一个企业、一个组织所具有的创新、进取、合作等价值观和理念，是个体层次的企业家精神在组织层次的延伸和体现，属于企业（组织）文化的较高层次。社会层次的企业家精神是指通过激发社会的创新和创业热情而使企业家精神成为推动社会经济增长的动力。企业家精神还体现为契约精神、诚信精神、敬业精神、奉献精神和民族精神。

2. 企业家对企业家精神的理解

从企业家自身的角度来看，海尔集团董事局主席兼首席执行官张瑞敏对企业家精神的理解是新时代下要重构企业的战略成长，企业家精神要有更高的追求，更宽广的胸怀，更高的境界。这种新的企业家精神有三个核心要素：运筹能力、历史使命感和更大的格局。

阿里巴巴创始人马云认为企业家精神必须要有"家国情怀"和"世界担当"。他说："我认为企业家就是经济社会发展中的科学家。当今，各国最大的问题都是经济问题，而经济问题的第一担当者、第一责任人是企业家群体，我们必须要有这份担当，必须要学习。希望媒体不要评比'首富'头衔，我最怕看到谁是首富，这样的财富评比给中国社会带来的影响并不好。我们不应该仅仅关注一个人的财富值，'首富'应该是'首负'，负责任的'负'。"

万达集团董事长王健林认为，企业家精神"首先是冒险精神，敢闯敢试，敢于冒险"。在王健林看来，坚持精神和责任精神，是企业家精神的另外两项内涵。对于做企业的目的，王健林的答案是，企业最高的追求是成为社会企业。

王石认为企业家精神一定包含对社会的某种担当、承担。既然是担当、承担，就要承受一般人想象不到的东西。企业家精神要有这种承受力和自制力，但更可贵的是要有一种破坏性的创造。"我理解的企业家精神，是指用企业家的精神来概括的一种精神，它绝对不是单指企业家，也包括做学术的教授，包括政府官员等。"

绿地控股董事长、总裁张玉良认为，企业家不完全等同于企业的经营者和管理者，企业家有着更高的使命，那就是推动创新。没有创新，是不能称之为企业家的。

链家地产董事长左晖则表示，企业家的核心是对不确定的未来进行投入，敢于投入。他表示，这种精神需要稳定的法制环境、社会环境、市场环境做保证，保证文件内容的第一部分就提到了对这三个环境的保证，这是非常必要且让人备受鼓舞的。

新希望集团董事长刘永好认为，所谓企业家精神，不仅是勤奋、吃苦、努力，更要有关爱，爱家庭、爱员工、爱社会、爱所从事的这个行业。有了爱，有了创造，有了担当，还要创新和变革。

3. 政府对企业家精神的理解

从作为组织层面的政府来解读，当今中国被誉为世界经济的驱动器，而企业家则被认为是中国过去30多年经济高速增长的重要主体。因此，除了学者和企业家从个人层面对企业家精神进行阐释外，作为组织层面的政府也倡导弘扬企业家精神。在2017年，中共中央国条院出台的《关于营造企业家健康成长环境弘扬优秀企业家精神更好发挥企业家作用的意见》中提到要弘扬企业家的爱国敬业、遵纪守法、艰苦奋斗、创新发展、专注品质、追求卓越、履行社会责任、敢于担当和服务社会的精神。这是自1949年中华人民共和国成立以来，中央政府第一次以专门文件的形式对企业家精神、企业家的社会地位和合法权益保护等作了明确的相关规定。在党的第十九次全国代表大会（以下简称十九大）报告中，明确了"激发和保护企业家精神，鼓励更多社会主体投入创新创业"。这是中国共产党自1921年建党以来第一次将企业家精神写进报告。这体现了当今政府对企业家精神的重视和要求。

综上所述，学者、企业家和政府对企业家精神的界定存在着差异，侧重点有所不同，特别是在中西方的观点对比上，西方的学者和企业家通常只会提及伦理道德和社会责任感，而在中国，无论是学者、企业家，还是政府，除此之外，还会倡导具有家国情怀的爱国主义精神。

4. 新时代下企业家精神的新内涵

企业家精神在不同的历史时期、不同的社会环境、不同的国家和地区、不同的企业家中，对企业家精神有着不同的要求，甚至是同一个企业家在企业不同的发展阶段和不同规模的时候，其侧重点都会不一样，所倡导的要素也就不一样。换而言之，企业家精神的构成要素也是处于动态的，不是一成不变的，更不是千篇一律地放之四海而皆准的。

党的十九大的召开，宣告了新时代的到来，新时代势必也会赋予企业家精神新的内涵。那么，新的时代需要什么样的企业家精神呢？中央在十九大召开之前首次发布的关于企业家精神的正式文件中给出了明确答案。2017 年 9 月 25 日，《中共中央国务院关于营造企业家健康成长环境弘扬优秀企业家精神更好发挥企业家作用的意见》正式出台。这是中央首次以专门文件明确企业家精神的地位和价值。该意见对弘扬新时代优秀企业家精神提出了要求，具体有以下三个方面：一是弘扬企业家爱国敬业、遵纪守法、艰苦奋斗的精神。企业家应该具有国家使命感和民族自豪感，并要正确处理国家利益、企业利益、员工利益和个人利益的关系，把个人理想融入民族复兴的伟大实践中。企业家要自觉依法合规经营，依法治企、依法维权，强化诚信意识，主动抵制逃税漏税、走私贩私、制假贩假、污染环境、侵犯知识产权等违法行为，不做偷工减料、缺斤短两、以次充好等违背道德的事。企业家应自强不息、勤俭节约，反对享乐主义，力戒奢靡之风，保持健康向上的生活情趣。二是弘扬企业家创新发展、专注品质、追求卓越的精神。李克强总理曾对中外企业家说："创新不单是技术创新，更包括体制机制创新、管理创新、模式创新，中国 30 多年来的改革开放本身就是规模宏大的创新行动，今后创新发展的巨大潜能仍然蕴藏在制度变革之中。"因此，企业家应该持续推进产品创新、技术创新、商业模式创新、管理创新、制度创新，将创新创业作为终身追求。企业家要弘扬"工匠精神"，专注专长领域，加强企业质量管理，把产品和服务做精做细，立志于"百年老店"持久经营与传承。企业家应弘扬敢闯敢试、敢为天下先、敢于承担风险的精神，要敏锐捕捉市场机遇，不断开拓进取、拼搏奋进。三是弘扬企业家履行责任、敢于担当、服务社会的精神。企业家应主动履行社会责任，积极参与公益慈善事业，支持国防建设，促进就业，关爱员工，节约资源，保护生态等。企业家应先富带动后富，创造更多经济效益和社会效益，积极投身供给侧结构性改革。国有企业家应有服务党、服务国家、服务人民的担当精神，要更好地肩负起经营管理国有资产、实现保值增值的重要责任，做强做优做大国有企业发展建设，不断提高企业核心竞争力。企业家应积极参与国家重大发展建设，如"一带一路"倡议、京津冀协同发展、长江经济带发展、中西部和东北地区投资兴业等。

总而言之，企业家精神是企业家从事商业活动的行为指引，直接影响企业的业绩和发展。企业家精神的内涵也要与时俱进，及时调整与丰富。企业家应该积极学习新时代优秀企业家精神，并以此作为行动标杆。

二、领导力理论

领导力的概念早已引起了人们的兴趣和辩论，甚至产生了一些偶尔的困惑，主要是因为领导力的重要性。领导力理论经过不断的发展，已经在不同的方式、不同的时代、不同的国家或地区被不同的观点所阐述，并且已积累了比较丰富的文献资料，一些观点也随着社会的发展而被重新定义。

1. 领导力的定义

领导力不论是对个人还是组织，都是一个成功的关键因素。领导力在企业家创业的生存与成功中扮演着一个关键的角色，特别是在环境恶劣的情况下，更能突出领导力的作用。许多文献都关注领导力的影响对组织运作的重要性。对于企业而言，领导力能提升企业的核心竞争力，影响企业的生存和发展。所以，领导力就成为了一个从古至今不断被探索和研究的领域。虽然领导力理论经过不断发展，已经在不同的方式、不同的时代、不同的国家或地区被不同的观点所阐述，直到今天人们已积累了比较丰富的文献资料，但领导力始终是一个复杂的问题，很难定义。因此，对于领导力在具体分析领域的划分，目前也尚无普遍共识。在领导力理论的发展过程中，一些观点随着社会的发展而被重新定义。

对领导力的理解，我们可以从三个方面去解读：一是领导力是一个过程或一种关系；二是领导力是特质或个人特征的组合，或者说领导力是一种特定的行为，或者是常指的领导力技能；三是解释关于领导力的构成。在文献资料中，学者们将领导力定义或涉及的内容组成或归纳确定为位置、个性、责任、影响过程和工具，以达到目标、行为、互动的结果，除此之外还包括其他含义。一般来说，根据学者们对领导力定义内容的构成部分，可归纳分为一个或多个要素构成的形式。

在将领导力定义为一个组成部分的研究中，西方领导力理论将领导力最简单地定义为"有追随者"，因为是否有追随者是衡量一个领导者领导力的基本因素。当然，一个领导者是否有追随者是作为他或她的能力指标的具体体现。彼得·德鲁克发现，高效的领导者在性格、优势、弱点、价值观和信念上有广泛的不同，但他们也有一些共同之处，即拥有在正确的时间完成正确事情的能力。因此，领导力是领导者能力的体现。一个领导者的能力水平和个性特质会影响其下属团队去发展他们的潜能，从而影响组织目标的实现。同时，领导力也就是一个人影响一个团队去实现共同目标的一个过程。在实现目标的过程中，领导者将会面临不同的情况，也就需要领导者具有处理不同情况的能力。所以，领导力可以理解为领导者应对每一种情况的能力。

关于由多部分内容组成的领导力定义方面，其组成的范围是多种多样的，包括领导力被定义为是愿景、方向和举动，以及领导力是领导者的素质、追随者的属性和情景特征三个相互作用的组成部分。还有一些组成部分能体现领导力的核心现象，例如，领导力是一个过程，领导力包括影响、智慧和毅力，领导力发生在群体环境中，领导力介入个人的探索与发展，领导力包括在时间和预算内实现既定的目标。

20世纪90年代中期美国学者巴斯（Bass）提出了较有革命性的变革型领导力理论（Transformational Leadership）。他将领导力定义为通常涉及到对形势的构建或重组以及成员的感知和期望的两个或多个团队成员之间的一种相互作用。在相互作用的关系中，领导者的行为对他人的影响大于其他人对他们的影响。巴斯对领导力这一概念进行研究并列举了12种具有代表性的定义，其中主要的定义如下：领导力可视为一个组合过程的焦点；领导力可看作是个人性格及其影响力的体现；领导力可看作是一门引导性艺术；领导力可视为影响力的锻炼；领导力可作为一种行为表现；领导力可看作是一种劝说的方式；领导力可看作是一种权力关系；领导力可视为成就目标的一种工具；领导力可视为取得成效的相互作用力；领导力可视为一种催化作用；领导力可视为一种初始结构；领导力可看作是一个组合。

从《中国领导学研究20年》一书中我们发现中国学者在领导力定义方

面基本上存在两种不同的观点：一种观点认为领导力是领导者自身所拥有的一种综合能力。如李春林认为领导力是领导者素质、能力及其影响力等各方面的总和。张青林将领导力定义为是领导方法、领导艺术和领导风格等几个要素的集合。黄俊汉认为领导力是由领导信息运筹力、决策力、激励力、控制力和统驭力等构成。另一种观点是从领导者和追随者之间的相互作用来定义领导力，如王丽慧等认为领导力是领导者与追随者为实现共同目标而迸发的一种思想与行动的能力。朱忠武认为领导力就是领导者对追随者的影响力。陈建生认为领导力就是领导者激励员工与自己一起努力实现共同目标的能力。

此外，领导力的明显特征表明，领导力无处不在，在任何时候、任何地方都会存在，不仅存在于个人，而且还存在于任何一个组织当中，无论是在大公司或者是小公司、公共机构或者私人机构、营利和非营利组织、社会，甚至是家庭，都以不同的形式存在着。董军认为领导力对个人来说是一种以自己的品格和言行影响他人、激励自我、实现极限目标的能力；从组织层面上而言，这种力量是企业内所有员工个体领导力的合成，是企业激发全员的热情和想象力，全力以赴、持之以恒去实现共同愿景的内在动力。领导力在一个组织中的各个层面不仅都需要，而且都存在着，以及在某种程度上一个即使没有被指派管理职位的人也拥有。个人领导力的影响不仅在组织的内部存在，而且在组织的外部同样存在，影响着个人的社会关系和地位。

根据以上讨论，对领导力的定义可归纳为一种技能或能力、一种行动或行为、一种责任、一个过程、一种管理的功能、一种经验、一种有影响力的关系、一个权威地位、一个特征或特点和一种风格。然而，大多数定义有一点相似之处，就是他们关注的是影响他人活动的过程。因此，我们将领导力定义为，一个人或组织通过思想和行为来影响别人。从个人层面来看，一个人的思想和行为被越多人认同，影响的范围越广，证明这个人的领导力就越强。相反，一个人的思想和行为被越多人抗拒，这个人的领导力就越弱。同理，一个组织所倡导与践行的思想和行为被越多人认同，其影响的范围就越广，这个组织的领导力就越强，该组织也就越具有生命力。

2. 领导力理论的研究成果

领导力作为一门具有影响力的理论，在不同的时期，其研究结果也不一样。历史上有不同的关于人们解释怎样成为一个成功领导者的领导力观点。

在西方，最早关于领导力的记载可追溯到公元前 300 年，古希腊的亚里士多德建议领导者应具备建立关系、宣扬他们的价值观或愿景、逻辑性的说服等领导力技能。西方关于现代领导力的研究比中国早，领导理论在 20 世纪就已开始作为一门独立的学科了，并经历了多个学派和不同观点的演变。西方对领导力的历史理论研究一般分为四个发展阶段：第一阶段是出现权变模型之前；第二阶段是 1965~1975 年，主要研究权变理论的发展与阐述；第三阶段是 1975~1985 年，当时出现了认知理论对性别差异的担忧；第四阶段是 1985 年之后，主要集中在变革型理论和文化影响上。早期的领导力理论集中区分领导者和追随者的品质方面，而随后的理论则着眼于其他变量，如情境因素和技能水平。虽然许多不同的领导理论已经出现，但大多数可以分为以下五个方面："伟人"理论、特征理论、行为理论、情景理论和权变理论。一些学者根据领导力理论或时期的发展，总结了领导力理论的研究成果。例如，博尔登等（2003）通过"伟人"理论、特征理论、行为主义者理论、情境领导力、权变理论、交易型理论和变革型理论等方法，回顾了过去 70 年的领导力理论和追溯了"伟人"理论到变革型理论的演变轨迹，如表 5-1所示。

表5-1 "伟人"理论到变革型理论的演变轨迹

"伟人"理论	基于这样的信念：领导者是优秀的人，具有与生俱来的品质，注定要成为领导者。"男人"这个词的使用是有意的，因为一直到20世纪后期，人们一直把领导这一概念当作主要是男性、军事和西方的概念。这导致了下一学派——特质理论的产生。
特征理论	与领导力相关的特质或品质的清单是丰富的，并将继续产生。从野心到对生活的热情，他们几乎把字典里所有描述积极或善良的人类属性的形容词都用在了上面。
行为主义者理论	关注的重点是领导者的实际行动，而不是他们的品质。观察不同的行为模式并归类"领导风格"。这个领域很可能吸引了很多实践经理的注意。
情境领导力	这种方法视领导力在执行环境的具体情况而言。例如，虽然有些情况可能需要专制的风格，但其他人可能需要更积极的方式。另外，同一组织中不同级别需要的领导风格可能存在差异。
权变理论	这是对情景观点的精细化，重点是确定最佳预测最合适或有效的领导风格以适应特定环境的情景变量。
交易型理论	这种方法强调了领导者和追随者之间关系的重要性，着重于从一种"契约"中获得的共同利益，通过这种形式，领导者回报或认可追随者的承诺或忠诚。
变革型理论	这里的中心概念是指变化和领导在构想和实现组织绩效转变方面的作用。

资料来源：Bolden R., Gosling J., Marturno A., Dennison P. A Review of Leadership Theory and Competency Frameworks [R]. United Kingdom: Centre for Leadership Studies University of Exeter, 2003.

理论是随着社会的发展而不断积累的一个过程。穆勒和特纳（2010）根据过去80年来对领导力研究成果的观点总结成六个主要派别——特质学派、行为学派、情感和态度学派、输出学派、权变学派、综合模型学派，如表5-2所示。

表5-2　领导力研究成果观点的主要派别

观点	时间	主要理念	代表人物
特质学派	20世纪三四十年代	高效领导者表现出的共同特质；领导者是天生的，而不是后天培养出来的。	Kirkpatrick 和 Locke（1992）
行为学派	20世纪四五十年代	高效领导者拥有一定的风格和行为；领导力可以开发。	Blake 和 Mouton（1978）Tannenbaum 和 Schimdt（1988）
情感和态度学派	20世纪90年代~21世纪	情商比智商对绩效的影响更大。	Golemen 等（2002）
输出学派	20世纪30~90年代	变革型关注关系；交易型关注过程。	Barnard（1938），Bass（1990）
权变学派	20世纪六七十年代	一个高效领导者能做什么，取决于其所处的环境。	Fielder（1967），House（1990）
综合模型学派	21世纪	高效领导者表现出一定的能力，包括特质、行为和风格。	Dulewicz 和 Higgs（2005）

资料来源：Müller R., Turner J. R. Project-oriented Leadership［M］. England：Gower Publishing Limited, 2010.

因为领导力影响组织的绩效，因此，有学者将领导力影响绩效的具体能力进行了分门别类。杜莱维琴和希格斯（2003）在研究领导力影响绩效方面的分析中，其综合领导力模型将领导力分为管理商、智商和情商三类，并又细分成15种领导能力，如表5-3所示。

表5-3　综合领导力模型下的三类领导力

领导力类别	领导能力
管理商	管理资源
	善于沟通
	有效授权
	发展他人
	实现目标
智商	关键的分析和判断
	愿景和想象力
	战略眼光
情商	自我意识
	情绪控制力
	直觉感
	敏感性
	感召力
	动机力
	责任感

资料来源：Dulewicz V. , Higgs M. J. Leadership at the Top：The Need for Emotional Intelligence in Organizations [J]. International Journal of Organizational Analysis, 2003, 11 (3).

　　明确而具体的领导力行动指南，更容易让人理解和按章实践，使人们成为更有成效的领导者。詹姆斯·库泽斯和巴里·波斯纳（2007）讨论了领导者在组织中如何调动他人去做出不平凡的事。他们通过研究分析，在著作《领导力挑战》中提出了卓越领导者的5种行为和10个使命作为领导力的行动指引——以身作则：明确价值观、树立榜样；共启愿景：描绘愿景、感召他人；挑战现状：猎寻机会、尝试和冒险；使众人行：促进合作、成就他人；激励他人：承认别人的贡献、庆祝价值实现和胜利。

　　由于不同的观点、数据类型、时间节点和标准水平，对于一个特定的领导者或团队的领导者，可能会导致不同的结论。对于上述的一些理论，也有不同的观点。例如，在"伟人"理论中，理论家相信领导者是天生的而不是后天培养的。然而，也有一些相反的观点。认为领导者不是天生的，而是培养出来的，如詹姆斯·库泽斯和巴里·波斯纳在他们的著作《领导力挑战》中提出的每个人都有可能成为领导者的观点。

不同的领导者有自己的领导行为方式。领导风格就是用于区分领导者行为的方法。因此，领导风格成为了领导者的一个重要特征。关于领导风格的讨论，在之前的研究中提到了各种领导风格。然而，在概念上不能说哪一种领导风格是"最佳"或"正确"的。因为在不同的情况下需要不同的领导风格，而不能千篇一律。我们介绍一些具有代表性的领导风格，如民主型领导、专制型领导、仆人型领导、交易型领导和变革型领导。

民主型领导体现上下级之间的关系融合、团结协作、共同决策，领导者积极参加团体活动，注重对团队成员的鼓励和协助，领导者与被领导者之间的社会心理距离比较近。团队成员自己决定工作的方式和进度，工作效率比较高。民主型团队的权力定位于全体成员，领导者只起到一个指导者或委员会主持人的作用。但民主型领导风格会影响决策效率，甚至会加剧矛盾与冲突。

专制型领导的权力定位于领导者个人手中，领导者只注重工作的目标，仅仅关心工作的任务和工作的效率。但他们对团队成员不够关心，被领导者与领导者之间的社会心理距离比较远，被领导者对领导者存有戒心和敌意，下级只是被动、盲目、消极地遵守制度，执行指令。团队中缺乏创新与合作精神，而且易于产生成员之间的攻击性行为。

仆人式领导更凸显其服务特性，领导者以身作则，乐意成为仆人，以服侍来实现领导的方式。仆人式领导鼓励合作、信任、先见、聆听。

交易型领导是建立在上下级之间某种交易基础上的领导方式。领导者通过明确角色和任务来指导部下，以某种奖励和利益作为下级努力工作的交换条件。交易型领导强调任务目标、工作标准和产出，往往关注任务的完成和员工的顺从，更多地依靠组织的奖励和惩罚手段来影响员工。

变革型领导是指领导者通过领导魅力、领导感召力、智力激发和个性化关怀等，让员工意识到所承担的责任及任务的重要性，激发其更高层次的需要，从而使其最大限度地发掘自身的潜力来取得最高水平的绩效表现。每一种领导力风格是根据不同的领导者、不同的情景来运用的，有可能是一种或多种领导力风格混合使用。

商业环境是在不断改变之中的，作为企业家必须去改变和适应业务的发展，这是对领导力、团队协作、组织结构和文化的挑战。企业家应整合个人的能力应对环境不断变化的挑战，如积极性、创新、冒险。企业家所形成的思想、行为和习惯方式在企业成长的某一个阶段会是成功的因素，但在企业发展的另一个阶段可能会变成失败的因素。因为企业家在企业的创业阶段、成长期、成熟期、衰退期或再生期所扮演的角色不同，面对的企业情况和商业环境也不一样，所以，在企业的不同发展阶段，对企业家水平能力的素质要求也应有所不同。这表明了在公司发展的不同阶段中，企业家需要不同的知识和技能。

以上是西方学者在领导力研究成果方面的情况。在中国，关于领导力理论的最早记载出现在公元前 500 年，孔子提出一个人如果具有睿智、仁爱、勇气，就应知道如何提升个人素质，以达到"修身、齐家、治国、平天下"。孙子（公元前 535~前 480 年）是中国最早教导军队领导力的人。《孙子兵法》为军队领导者在取胜方面提供了战略和战术方面最重要的参考要素。他还提出了军队挑选领导者的必备素质：智、信、仁、勇、严。这可能是中国最早关于领导力技能要求的记录。后来战国时著名商人白圭强调商人要有丰富的知识，同时具备"智""勇""仁""强"等素质，要求既要有姜子牙的谋略，又要有孙子用兵的韬略，更要有商鞅那一套严厉的团队管理制度，否则经商很难有大成就。这可能是对商人素质要求出现较早的记录。

对于现代领导力理论方面的研究，中国在 20 世纪 80 年代才开始，比西方迟了大约 50 年。1983 年由夏禹龙等学者出版的《领导科学基础》被认为是中国第一本关于领导科学的著作。这一时期也正处于改革开放的初期，科学技术得到重视，领导学的研究既基于本国历史实践积累的经验和理论基础，与此同时，又引进借鉴了西方关于领导理论方面先进的理念、领导方法的研究成果。为了系统地总结中国领导力理论自产生后 20 多年来的发展概况，奚洁人、郑金洲和于洪生（2007）撰写了《中国领导学研究 20 年》一书，对以往领导科学学科体系发展历程及领导学各分支学科的研究状况进行了较系统的梳理，而且也对西方在领导力理论方面的研究做了归纳。因此，这是一部总结了中国现代领导科学研究成果的重要书籍。

领导行为是以传统文化背景为基础的。西方学者将领导力划为民主型领导、专制型领导、交易型领导和变革型领导等领导风格。这些领导风格理论是在西方文化背景下产生的，而中国文化背景下的领导风格的显著代表是家长式领导。这种领导风格普遍存在于华人社会，包括企业、非营利组织和政府公共机构。樊景立与郑伯埙（2000）定义家长式领导是一种具有强烈的纪律性和权威，以及包含有父亲般的仁慈和德行的领导行为方式。这种领导方式包含三个重要维度：威权、仁慈和德行领导。威权是指领导者对下属具有绝对的权威和控制，而下属也必须完全服从。仁慈是指领导者对下属个人或其家庭成员表现出个性化关怀的领导行为。德行领导则是领导者的行为表现出高度个人美德、自律和无私。家长式领导者所表现出的威权领导、仁慈领导和德行领导行为，与之相对应的下属所表现出的行为是敬畏顺从、感恩图报以及认同效法。

最先对家长式领导进行研究并提出"家长式领导"概念的是西方学者。20 世纪 60 年代，西尔（Silin）在中国台湾进行企业的个案研究中发现，这里的管理人员与西方的管理人员在领导行为上采取迥然不同的方式。这些管理人员运用类似于管理家庭成员的方式来管理员工，而自己则充当家长的角色。虽然西尔（Silin）没有明确地提出"家长式领导"的概念，但是为后来的家长式领导研究奠定了基础。另一位西方学者雷丁（Redding）在 20 世纪 80 年代末对中国香港、中国台湾以及东南亚地区的华人家族企业进行了深入研究，他明确提出了家长式领导的概念并论述了其特征，且指出这种领导方式普遍存在于华人家族企业中。第三位西方学者韦斯特伍德（Westwood）的研究也表明，华人家族企业的领导方式与西方企业的领导方式截然不同，带有明显的家长作风。因此，他提出了"家长式首脑"（Paternalistic Headship）的概念。而真正使家长式领导研究得到深化并形成理论体系的是一批本土华人学者，如郑伯埙、樊景立等。郑伯埙对家长式领导的研究开始于 20 世纪 80 年代末。他对中国台湾的 18 间家族企业作了深入的研究之后发现，家长式领导的确普遍存在，提出了家长式领导的二元理论，即立威与施恩，并进行了解释。在此基础上，郑伯埙和樊景立提出了家长式领导的威权领导、仁慈领导和德行领导三元理论。

任何理论都是在一定的环境条件下形成的，当内外部环境发生变化后，在此基础上所建立的理论也应该随之作相应的修正，才能符合变化后的实际情况。随着中国的快速发展，在 2010 年中国已经成为全球第二大经济体，加上经济日趋全球化、互联网对传统经济模式的影响、第四次工业革命的到来、"一带一路"倡议的推行对全球经济格局的改变、劳动力市场过去以"60 后"和"70 后"为主力现已逐渐转变成以"80 后"和"90 后"为生力军等变化，因此，家长式领导也要顺应潮流的变化而作相应的调整。威权领导在过往容易被人接受，但随着社会的变迁，年青一代的成长环境与老一辈已大不相同，在思想上更倾向自主，心理素质普遍没有老一辈的强大。强势的专制领导容易引起年轻人的反感。因此，现在或未来的领导者除了职位带来的权威外，更要注重通过仁慈和德行来提升自己的领导影响力。另外，过往强调用领导者个人的权威来管理下属，现在则强调用制度和文化来规范下属的行为。企业的规模越大，就越需要用制度和文化来管理。也就是说，一是要由人治向法治过度，二是法治比人治更有成效和长久。领导者仅仅靠树立个人美德的德行领导方式已不能适应越来越专业化的社会发展趋势，还必须要有精益求精的"工匠精神"去追求专业上的卓越成就。在仁慈领导上，领导者只是关心员工的个人生活已不够，更应该关注员工的职业生涯发展规划，而且这种规划形成公司的制度化，使员工的个人前途与公司的发展形成一个共同体，才能增强企业的吸引力和生命力。

家长式领导在外部环境变化后修正，同样，在内部不同的环境下，其侧重点也不相同。企业在不同的生命周期，对企业家的素质要求也不同，其领导行为必须随之而变化，以求适应企业的发展需要。在创业阶段，企业家一般都需要事必躬亲，实行高度集权化管理，对企业绝对控制和显示绝对权威，以保证企业的生存和发展。家长式领导偏重于威权领导和德行领导。这一时期主要依靠企业家的个人能力。当企业进入成长期的时候，企业的规模不断扩大，企业实行规范化管理，集权与分权需要恰当处理，威权领导和仁慈领导要发挥相互协作的作用。当企业进入成熟期时，企业容易出现发展缓慢现象、组织机构僵化而缺乏灵活性。仁慈领导和德行领导可以使企业家的沟通和协调作用更有效，这有利于企业始终保持成熟期的理想状态，延缓甚至避免企业进入衰退期，或促使企业进入再生期。当企业在衰退或再生期阶段，企业成熟期过后，一部分企业获得了再创业、再发展的机会，进入再生期；而另一部分企业则进入衰退期，进而在市场竞争中被淘汰，企业就会衰退甚至死亡。这一阶段要求企业家必须具备较强的革新魄力和创新能力，对企业进行全面变革，推动企业再生和持续发展。在企业生命周期的衰退、再生阶段，家长式领导的三种形态——威权领导、仁慈领导和德行领导都存在。威权领导保证企业家对企业的变革和创新得以贯彻执行，仁慈领导和德行领导保证变革和创新的压力有充分的释放途径。三种形态的家长式领导共同作用，推动企业避开衰退，走向新生。

后来有学者发现，家长式领导不只存在于华人社会，有证据表明在一些具有集体主义和高权力距离文化特征的非西方国家和地区也存在家长式领导。除了来自亚太、中东和拉丁美洲等国家和地区的证据表明家长式领导普遍存在之外，最近就连对家长式领导还持有保留态度的处于西方文化背景下的美国，也开始出现家长式领导的迹象。

除了家长式领导之外，其他学者根据中国国情也探索出具有中国特色的领导力模型，如杨思卓（2008）建立了领导力六维模型，这六种能力组合成领导力，包括学习力、决断力、组织力、教导力、执行力和感召力。学习力就是通过学习来改变自己、适应变化的能力；决断力是决策和判断是非的能力；组织力是指整合内外部资源的能力；教导力是指善于培养下属和复制优秀团队的能力；执行力就是推动组织执行的能力；感召力是吸引他人追随的能力。他认为，每个领导者在这六种能力方面都会存在不同程度的强和弱，只有优势互补和短项专攻才能提升领导力。也有学者从某一行业的特定群体角度去阐述领导力，如易利华在自己拥有担任医院院长经历的基础上编写了《论现代医院院长领导力》一书。该书阐述了院长领导力的理论渊源，并针对当前医院院长的工作能力、环境、素养以及岗位特征等进行了理论的探究和分析，试图对院长领导力作出新的诠释。在对企业家群体的研究中，中国企业家调查系统自 1993 年开始对中国企业家的发展情况进行每年一度的问卷跟踪调查研究，调查的内容包括企业家的能力素质。

3. 西方领导力理论与实践在中国的应用

理论是在一定文化背景下产生的，而且与社会的发展程度、社会体制和经济环境等因素相关联。因此，并不是所有的理论都是放之四海而皆准。本着"古为今用，洋为中用"的思想，对于外来文化采用的态度应该是批判性吸收外国文化中一切有益的东西，为我所用。那种缺乏有机结合而全盘接受或一概排斥的态度都是错误的。关于西方领导力理论与实践在中国的应用情况，虽然西方在现代领导力理论方面的研究比中国早，有着丰富的领导力理论与实践，但西方的文化与中国的文化存在着较大的差异性，社会的发展程度也不一样，如西方国家是低"权力距离"文化、个人主义和线性思维方式，而中国属于高"权力距离"文化、集体主义和整体思维等。因此，源自于西方的领导力理论与实践并不完全适用于中国。

加洛（2008）在西方领导力理论在中国的实践应用情况和探索中国式领导力特质方面的研究结果具有重要的参考价值。人们可以了解一个西方研究者是如何看待中国企业领导力的。他来中国从事高管领导力开发工作前已拥有 30 年的企业经营与管理经验，他提出了如何将西方领导力的理论与中国传统智慧相融合，使源自西方的领导力理论在中国的企业中更有效地运用，而不能生搬硬套。加洛讨论了关于西方领导力模式在中国的应用情况，并列举了由詹姆斯·库泽斯和巴里·波斯纳合著的《领导力挑战》中所提出的受人追捧的领导力模式作为案例。这部权威著作销量已超过 100 万册，并被翻译成多种语言。书中提出了卓越领导者的五种行为：以身作则、共启愿景、挑战现状、使众人行和激励人心。2004 年，伊丽莎白·韦尔登对这五种领导力行为在中国的应用情况进行了调查研究，结果显示以身作则和共启愿景两种行为在中国行之有效，而后面三种行为则需要修改，不能完全适用于中国。既然这部享誉全球的领导力名著所提出的领导力模式结果尚且如此，其他同类作品就更难说了。

加洛还把中西方领导力特质进行了对比，他描述了中西方共有的领导力特质为为人诚实、具有建立信任的能力、有同情心、情商高、勇于担当、鼓励团队协作与符合职业道德的工作实践，而有别于西方领导力的中国领导力的独特特质，包括悟性、中庸、爱国主义、融合西方最佳实践与中国智慧、整体观念和迂回能力。

中西方对领导力理论的探索起步阶段不一样，文化背景也不一样。因此，中西方在领导力理论与实践方面存在差异是自然而然的事情。

4. 领导力的培养

关于领导者是否可以培养的问题，早期的伟人理论认为领导者是天生的，是不可以培养的。但也有学者对这种观点持相反意见，如班尼斯（Bennis）认为领导者不是天生的，是可以培养的和通过自身修炼成为领导者。彼得·德鲁克认为，任何有勇气面对决策的人，都能够通过学习成为一名企业家，并表现出企业家精神。张维迎和盛斌（2014）认为，企业家是可以培养的，但并不是任何人都可以被培养成企业家，只有具有企业家天赋的人才有培养意义。另外，培养企业家重要的是实践，而不是理论，政府是不能培养出企业家的，只能创造有利于企业家生存的环境，包括投资环境、经营环境、竞争环境、私有财产保护等。市场是培养企业家的唯一途径。也有人说商学院是培养不出企业家的，但商学院能为有机会成为企业家和已经是企业家的人们提供一个学习的平台，这就是商学院存在的价值。不管怎样，可以肯定的是领导力是可以通过学习来提升的。

对于中国企业领导者的发展状况，根据加洛的调查结果显示，中国企业领导者缺乏，而且领导力的发展计划效力欠佳，中国企业由于无法满足领导力的需求而蒙受了巨大的经济损失。中国的高管经验不足，无法承担公司赋予他们的领导重任，而且多数高管是因为技术好才走上了领导岗位，而不是因为领导有方。因此，要解决中国面临的领导力短缺问题仍然任重而道远。他认为妨碍中国企业领导力提升的因素有过分注重短期效益、专业技能和经验缺乏、公司内部人才缺乏、给员工提供领导力开发的时间不足和缺乏尝试不同新事物的精神。企业家的自身素质如知识、经验、性格、成长经历等影响企业家领导能力的成效，而企业家的领导能力又影响企业的绩效和发展。中国的经济经历了改革开放以来 40 年的高速发展，目前正处于转型期，加上全球的商业环境正在加速扁平化，当今互联网的发展改变了传统的商业模式，劳动力因人口红利的逐步消失而造成短缺，人工智能和工业 4.0 的来临掀起了第四次工业革命。这些因素必然会引起新一轮的商业竞争。在这种情况下，中国企业家将面临新的挑战。因此，加强企业家的领导力培养具有必要性。

政府也提倡加强对企业家的培养。在 2017 年 9 月 25 日出台的《中共中央国务院关于营造企业家健康成长环境弘扬优秀企业家精神更好发挥企业家作用的意见》中提出了要加强优秀企业家的培育。将培养企业家队伍与实施国家重大战略同步谋划、同步推进，在实践中培养一批具有全球战略眼光、市场开拓精神、管理创新能力和社会责任感的优秀企业家。为了加强企业家的教育培训，需要加快建立健全企业家培训体系。政府支持高等学校、科研机构、行业协会商会等开展精准化的理论培训、政策培训、科技培训、管理培训和法规培训。

　　领导者既然是可以培养的，领导力是可以学习的，那么，企业家究竟怎样学习才能有效提升自己的领导力？企业家应该采取先分析，再制定计划，最后实施计划的方式来提升领导力。企业在不同的发展阶段和不同规模时，对企业家领导力的要求也有所不同，因此，学习的内容也不一样，所以企业家首先要清楚企业现在处于什么阶段（创业期、成长期、成熟期、衰退期），结合企业的规模情况，确定这一阶段需要企业家具备什么样的领导力，企业家再对比自己的领导力水平现状，然后采取"缺什么，补什么"的方法，再制定相应的学习计划，做到有的放矢，不盲目学习，最后就是实施计划和阶段性总结学习情况。学习的方式一般有参加社会各种机构举办的培训课程或参加大学、院校的 EMBA（高级管理人员工商管理硕士）、EDP（高级经理人发展课程）培训，或者是聘请咨询公司进行一对一的教练式培训，另外还有进行自学的方式，阅读相关书籍和资料学习。在这几种方式里，可以根据自己的实际情况采取一种或几种方式同时进行。

三、企业家领导力模型

　　许多文献资料关注领导力的重要性对于组织绩效的影响。高效领导力被视为组织成功的关键，而高效领导力取决于领导者的能力。如果人们只有好的管理能力而缺乏领导力技能，就只能取得一般的成功。只有具备好的管理能力和领导力技能的人才能取得长远和卓越的成功。企业家不仅在创业时期决定企业的生死存亡，而且在发展时期依然是一个决定因素。企业家的行为结果也是其自身综合素质的体现。这种综合素质不仅具有实现企业目标的独特能力，还拥有企业家特有的精神特征。换而言之，这种综合素质就是企业家在精神和能力两个方面的综合体现。在针对企业家群体与领导力方面的研究过程中，理论与实践结合的必要性促使人们对理论的研究也要与时俱进。

1. 企业家领导力的定义

当今大多数传统的研究方法已难以满足在社会发展和竞争环境之下的领导力发展研究需要，而且学者们对这种状况已经存在共识。在这种情况下，一种新的领导力风格顺应时势而产生，这种利用企业家精神和领导力来构成的一个新的、多样性的研究领域，叫做"企业家领导力"（Entrepreneurial Leadership）。这是西方学者创新的一个新概念。企业家领导力是领导力和企业家精神领域里出现的一个新范式。

关于企业家领导力的定义，赫亚兹、马利基和纳埃基（2012）对这个新概念的定义是：企业家领导力是对追随者展示愿景、做出承诺和承担风险的动态过程，通过发现和利用新资源产生有效利用资源的机会从而达成领导者的愿景。事实上，企业家领导力包括所有朝公司目标不断产生价值的经理人需要的所有能力，这种能力是高瞻远瞩的，影响着团队成员的表现，致力于发现和探索商机去创造价值实现公司目标。企业家领导力突出成功的特征有创新、创造、团队建设、竞争、愿景、解决问题、决策、冒险，最重要的作用是通过发现新的机遇和制定新的战略来创造价值从而获得竞争优势。

领导力在企业家创业的生存和成功方面扮演着重要的角色。企业家领导力是一种新的领导力方式，而且是一种高效的领导力风格。这种风格表现为强烈的成就感、理智的冒险、高度的热情和创新与创造力、在机会出现时的迅速行动、紧迫而有忍耐力、高瞻远瞩而坚忍不拔、讨厌等级制度和官僚作风等方面。有学者对企业家领导力的具体构成要素作了细分，例如，赫亚兹、马利基和纳埃基（2012）描述企业家领导力是一个表现愿景、在面对可整合资源时对追随者作出承诺的动态过程。企业家领导力主要有战略、沟通、个人和动机四类有效因素，各个类别又细分为 35 个具体因素，如表 5-4 所示。

表 5-4　企业家领导力的有效因素

有效因素	具体说明
战略因素	为追随者制定愿景
	预测将来会遇到的问题和危机
	整体观点和避免细节化
	决策的灵活性
	危机中寻找机会
	愿意投资风险项目
	为研究公司的环境变化而建立一个信息系统
	预测未来发生事件的能力
	商业决策中的经济直觉性
	有准备地应对意外事件
沟通因素	说服追随者
	对他人表现出同理心
	避免破坏性冲突
	积极聆听
	在冲突事件中控制情绪
	激发追随者的自信心
	参与下属的活动
	定期召开会议获取下属的信息反馈
	在社会交往中洞察别人的情感反应

续表

有效因素	具体说明
个人因素	情绪稳定
	在做事和新方法上有创造力
	积极参与分配的任务
	以开放的心态处理事件
	谦逊虚心
	有解决问题的勇气
	把人和事放在合适的位置
	坦率和真诚
	遵守纪律
动机因素	用自信心影响他人
	喜欢影响他人
	具有追求商业成功的动力
	具有了解下属需求的能力
	令下属不断进步
	具有完成艰难工作的动力
	传递他人积极的情绪

资料来源：Hejazi S. A. M. , Maleki M. M. , Naeiji M. J. Designing as Cale Formeasuring Entrepreneurial Leadership in SMEs, International Conference on Economic Marking and Management ［M］. Singapore：LACSIT Press, 2012.

尽管人们对企业家领导力这个领域越来越感兴趣，并有学者已出了相关的解释，但对企业家领导力的学术研究目前还缺乏成熟的经验基础。理论概念自产生到成熟需要一个过程，自西方学者提出企业家领导力的新领导力风格后，在中国，人们对这个新概念的研究还处于探索阶段。

2. 企业家领导力模型的构成要素

企业家作为领导者在未来的发展要获得竞争优势，就必须提升自身的素质，但无论是谁，都应该具备一些能力特征。正如詹姆斯·库泽西和巴里·波斯纳（2007）发现，在不同的国家、文化、民族、组织、性别、教育水平和年龄群体中，大多数人认为领导者必须具备诚实、高瞻远瞩、鼓舞人心和有能力水平这些特征。2017 年 10 月 18 日党的十九大召开后，中国确立了未来的发展路线，乘借着国家的发展之势，新时代下的中国企业家面临着新的机遇与挑战。因此，企业家领导力更是值得探索的一个领域。

前面已论述了不是所有的西方领导力理论与实践都能在中国行之有效。因此，我们只能"洋为中用"，借鉴西方的领导力理论与实践，然后根据国情而制定适用于当今，甚至着眼于未来的中国企业家领导力模式。一个优秀的企业家应该具有与时俱进的企业家精神、丰富的知识和经验、卓越的领导能力、健康的体魄和心智。因此，符合中国国情的企业家领导力模型应该由企业家精神（Entrepreneurship）、领导力（Leadership）和健康商数（Health Quotient）三部分构成（如表 5-5 所示），每一部分再由若干因素组成，我们将其定义为企业家领导力三角模型。然而，每部分的构成因素并非一成不变，而应该根据企业内外部环境的变化而做出相应增加或减少的调整。另外，这些构成因素也会因为每个企业家自身的素质不同而呈现出强弱或增减之分。

表 5-5　企业家领导力三角模型构成要素

企业家精神		冒险精神、创新精神、敬业精神、诚信精神、责任心和爱国主义精神。
领导力	管理商（MQ）	组织能力、善于沟通、发展他人、行动能力、控制能力。
	智商（IQ）	决策能力、创新/创造力、应变能力、悟性、战略眼光、学习能力。
	情商（EQ）	自我意识、自我管理。
健康商数		健康意识、健康知识和健康能力。

对于这三个组成部分的相互关系而言，企业家精神对领导力和健康商数

起引领作用。精神与能力是两个不同范畴的概念。精神是一种思想和意识形态的表现，而能力是指完成一项任务或达到预定目标的素质体现。也就是说，精神不等于能力，具有某种精神并不代表就一定有实现目标的能力。例如，有创新精神，但不一定具有创新能力，正如企业家都想把自己的企业经营好，但现实中并不是每一个企业家都有能力做到这一点。精神是人的意识和行动的原动力。意识决定行为。换而言之，就是先有精神，才有行动，精神引领行动，而企业家行动的程度大小直接影响领导力和健康商数的结果，也就是企业家精神变成具体行动后在结果上的体现。因此，企业家不仅需要具有经营管理好企业所需要的精神，还需要具有在精神引领下实现企业目标的能力。另外，企业家的身心健康状态同样会影响到他们的意识和能力水平的发挥。总而言之，企业家领导力的三个组成部分是相互作用的（如图 5-1 所示），它们所产生的效能体现了企业家的综合素质，而企业家的综合素质状况又会直接影响企业的绩效和发展命运。

图 5-1　企业家领导力三角模型关系

3. 企业家领导力模型要素之企业家精神解读

我们对企业家领导力三角模型中的三大构成要素分别予以解读。首先是企业家精神。企业家精神包括冒险精神、创新精神、诚信精神、敬业精神、责任心和爱国主义精神。

冒险精神是企业家必须具有的特质。对一个企业和企业家来说，不敢冒险才是最大的风险。他们在变化莫测的商业环境里，敢为人先，冒着失败甚至破产的风险去追逐商业的成功，他们往往成为第一个跳出来吃螃蟹的人。在万事俱备的条件下才创业，这是最理想的状态，但现实却是相反。回顾当今许多优秀企业的发展史，就知道当初他们的创始人许多不是在万事俱备的条件下才创业的，正是张瑞敏、任正非、鲁冠球、马云等这些开拓者们凭着不畏艰难险阻的冒险精神，才成就了他们企业今天的辉煌和自己人生的不平凡。因此，企业家可以形容为商业领域里的探险家。企业家的冒险精神从企业家开始创业到经营管理企业的整个过程都存在，只不过是冒险的事项和程度不一样，具体体现在市场开拓、项目投资、产品研发、战略决策和企业变革等方面。中国自改革开放以来所走的路都是人类史上未曾有过的，从"摸着石头过河"的方式开启了中国特有的发展模式，同时也开启了当代中国企业家的冒险精神。到2010年成为世界第二大经济体，中国所取得的成就是有目共睹的，也证明了中国走自己的路是正确的。改革开放初期，邓小平提出"让一部分人、一部分地区先富起来，大原则是共同富裕"。在改革开放前，中国国民经济几乎到了崩溃的边缘。在这种状况下，当政府吹起了改革开放的号角时，这"一部分人"在政策还没有具体明朗的情况下，凭着敢为人先的冒险精神比别人先行一步"摸着石头过河"。在法规未完善的情况下，必然存在灰色地带。企业家游走于灰色地带是充满风险和挑战的。改革开放后第一批企业家就是从这"一部分人"中成长起来的。在开拓市场方面，中国加入世界贸易组织后，越来越多的产品出口到世界各地。同时，在商业越来越全球化的大趋势之下，有许多国人也伴随着"中国制造"的产品走出国门，去开拓他们从来没有到过的市场，开始他们的"寻金之梦"。他们当中并不是个个都懂外语，但这并没有阻挡到他们到异国他乡去冒险的热情。这也标志着中国企业开始迈向国际化之路，如海尔在美国设置工厂、TCL 在德国和法国的并购业务。中国企业的国际化之路并非一帆风顺，2003 年和 2004 年，中国 TCL 虽然收购了德国的施耐德公司、法国的汤姆逊公司和阿尔卡特公司，但没有达到收购的预期目的。结果显示 TCL 不仅在购入汤姆逊公司彩电业务出现过亿欧元的亏损，并且在并购汤姆逊公司 6 年后遭遇两项超 5 亿元人民币的索赔金额。TCL 的海外并购案例对中国企业的国际化极具参考价值。

时至今日，中国企业的国际化之路依然不缺少荆棘和陷阱。2017 年 12 月 2 日，新闻报道了澳大利亚最高法院近期就中国企业迄今为止最大的海外项目——中信泰富中澳铁矿项目（SINO）的专利案作出了判决。中信被判需向帕尔默的 Mineralogy 公司赔偿 2 亿澳元（约合人民币 10 亿元），此外还要在未来 30 年每年向 Mineralogy 支付 2 亿澳元（约合人民币 10 亿元）的特许使用费，合计下来，中信将损失 300 多亿元人民币。这足以为中国企业家的国际化道路再次敲起警钟。虽然如此，但并未能阻止中国企业国际化的意志和步伐。2015 年国家倡导的"一带一路"倡议，使更多的企业家把眼光瞄准海外市场。随着中国国力的不断增强和在政府的支持下，对企业家们来说，与以往开拓海外市场相比，这一次更是一场充满了自信的冒险之旅。市场开拓方面存在的风险不仅仅是在海外市场上，在国内，企业家在新的行业、项目投资或进入未知的市场领域时，甚至是在进行技术改造、产品研发和组织变革等方面，都存在着风险，并不一定是能成功的。企业的内外部环境处于一个不断变化的状态。企业的产品、技术和管理模式等也不可能一成不变，否则就难以适应环境的变化，企业也就容易失去竞争力而被淘汰。企业任何的变革都会存在风险，这就要求企业家具有不怕失败的冒险精神。

创新精神是指要具有能够综合运用已有的知识、信息、技能和方法，提出新方法、新观点的思维能力，并付诸行动的意志、信心、勇气和智慧。创新精神是一种勇于弃旧立新，创立新思想、新事物的精神。如果企业家因循守旧、思想僵化，害怕因变而产生风险，反而认为企业保持现状、不作改变是最安全的方式，这种思想是错误的。企业在市场竞争环境下如逆水行舟，不进则退，没有哪一家企业能独善其身。即使是拥有得天独厚资源的国有企业也不例外，众所周知，在20世纪80年代前邮电局（现更名为中华人民共和国国家邮政局）拥有物流网络资源，在中国仅此一家，但"数风流人物，还看今朝。"再看今天蓬勃发展的中国物流快递企业，群雄争霸，谁独领风骚？是顺丰、圆通、申通公司，还是中国邮政EMS？根据《互联网周刊》联合eNet研究院发布的"2017年中国物流企业排行榜单"中，针对物流业所有细分领域，包括快递、零担、冷链、轿运、大件等，排名第一的是中外运股份有限公司，中远海运物流有限公司紧随其后，顺丰控股股份有限公司位居第三，是上榜民营快递企业中排名最靠前的一家。圆通排第七位，申通排第九位，中通和韵达位居第十一和第十二。创新是企业为适应环境变化而采取的必要措施和不断赢得竞争优势的关键因素。企业家的创新精神主要体现在产品创新、营销创新和管理创新方面。在产品创新方面，通过技术创新来达到产品的创新，包括降低成本、改善产品应用功能和外观、提升产品整体质量。技术创新可以为企业提升竞争力。海尔集团能成为全球大型家电品牌，成功的最重要原因之一就是来自于产品的不断创新，这一切都来自于张瑞敏的创新思想。1985年张瑞敏带头用大锤砸毁76台不合格冰箱，自此砸出了海尔对产品的要求意识。在这一意识的指引下，海尔在产品方面的创新上就没有停下过脚步。20世纪90年代发生在农村的用海尔洗衣机来洗土豆造成排水管堵塞而导致的质量投诉，海尔发现这一问题后迅速设计生产出既能洗衣服又能洗土豆的洗衣机，以满足市场需求，使这一产品在农村大受欢迎。还有北京的海尔冰箱在外形设计上显得宽大、粗犷，而上海的则是瘦窄、秀气。这种设计的结果是根据市场特点来开发的，因为上海家庭住宅面积普遍比北京小，不喜欢冰箱占地面积过大，而且上海人更欣赏外观比较小巧的造型。另外，海尔在农村市场销售的冰箱也不同于城市。针对农村消费水平比较低，而且农村电压波动，电压最低的只有 160 伏的情况，海尔采取降低价格，取消冰箱的多功能，然后把压缩机重新改造，使之更适合低压启动。经过改进后的冰箱在农村的销量逐步上升。海尔针对市场的产品开发远不止于此，也从未停止过。自主创新成为海尔企业文化的核心组成部分。

如今已不是找个明星做广告就能解决产品销售的年代了。营销创新就是企业家要时刻关注社会进步的方方面面会对企业的发展所产生的影响，包括对传统销售模式的影响。例如，网络技术的发展使传统的销售模式发生了深刻的变化。马云创办的阿里巴巴利用互联网的发展颠覆了传统的销售模式。在非洲，有一家中国手机企业占有当地 40% 的市场份额，市场份额排名第一，超过苹果、三星和华为，这家公司就是成立于 2006 年的深圳传音控股有限公司，旗下的手机品牌是 TECNO、Itel、Infinix 和 Spice。这些品牌在国内可能许多人闻所未闻。这也不足为奇，因为这些手机品牌没有在国内销售，全部用于出口。2015 年，传音手机的出货量超过 5000 万部，在国内手机出口量中排名第一。传音旗下三大手机品牌均入选非洲商业杂志 *African Business*（2017 年 3 月版）2016 年度最受非洲消费者喜爱品牌百强榜单。这家名不见经传的公司凭什么能称雄非洲？其成功的主要原因是创始人竺兆江在营销上创新，避开国内激烈竞争的手机市场，另辟蹊径，寻找新的市场，并采取本地化、差异化的战略，打造适合当地消费者需求的产品。

　　管理创新就是根据内外部环境的变化而实行新的管理理念、管理方法和管理模式等要素来有效实现组织既定的目标。企业的经营与管理是一个整体，是企业整个运作系统的组成部分。管理职能自企业诞生之日起就已存在，只不过由于经营方面的产品和销售在企业创立初期更受关注，相比之下，管理的作用不受重视而处于粗放式的状态，甚至被忽视，以致有人错误地认为当公司规模大的时候才需要管理，也有人甚至认为企业有了盈利后才去提升管理水平。换而言之，不管是否被重视，管理在企业任何发展阶段都存在，只不过在管理模式的成效上存在着高与低的程度区别。确实，当公司快速发展、规模增大的时候，公司面临的问题或矛盾冲突增加时，管理作用的重要性才凸显出来，管理才被重视。按问题的处理方式来说，这已经是事中或事后处理，而不是事前。解决问题的难度和成本自然会比事前大。另外，产品、服务的销售是企业利润获取的正常对外途径，是显性的，众所周知，企业内部运营效率的提升，使运营成本和生产成本降低、服务和产品质量提升，以及产生其他方面有利于企业发展的无形效果，是利润获取的另一个途径，是隐性的，难以被人发现的，不为大众熟悉的。虽然没有一套放之四海而皆准、对所有企业都合适的管理模式，但忽视管理作用的重要性，同样是对企业的一种损害。因此，对于最有利企业发展的方式来说，企业自诞生时经营和管理同时受到重视会比先重视经营上的产品和销售后再规范管理这种方式更有优势，制定适合企业自身发展需要的管理模式，比不作为或生搬硬套别人的方式更具积极意义。企业处于一个动态的发展过程，企业的整个管理系统功能自企业诞生之后，就必须随着内部和外部的环境变化而不断地进行相应的调整，制定适合企业自身的管理模式，以达到企业不同发展阶段的需求，包括根据新的发展目标来划分组织功能，重新设计组织架构，对职位和部门设置进行调整，职、责、权的重新划分，各项业务流程的再改造，人员的重新安排，规章制度的修改等。管理创新会直接影响企业的绩效。一些企业家通常会把眼光聚焦于产品、技术上的创新，往往会忽略了组织内部的创新。新时代企业家面临着管理挑战，如人力资源的变化，人口红利的逐步消失导致劳动力短缺和人力成本上升，劳动力从"60后""70后"向"80后""90后"的更替；受劳动力和人工智能（AI）的影响，生产设备的自动化发展和企业运营的变化；受信息化影响，互联网冲击下被颠覆的传统销售模式，管理从传统的运营模式向信息化的转变；全球贸易的扁平化等影响。

华为之所以能够实现超越式的发展，不仅仅是依靠在产品、技术上创新，管理创新也是核心的支柱。1996年，《华为基本法》被确定为公司发展的管理纲要，具有里程碑的意义。华为后来实施的轮值CEO制，到2018年更改为董事长轮值制，无不体现华为在管理上的不断创新精神。

张瑞敏领导的海尔在管理创新方面取得的成就，是有目共睹的。海尔从开始实行每人每天对每件事进行全方位的控制和清理的OEC（OEC是Overall Every Control and Clear的缩写，是海尔依据自身特色对5S和ISO9000的概念延伸，管理界称其为"海尔之剑"）新管理方法，目的是"日事日毕，日清日高"，也就是说，当天的工作要当天完成，每天工作要清理完并要每天有所提高。创造于1989年的这一全新企业管理方法不仅成为海尔集团创新的基石，而且为海尔集团创造了巨大的经济效益和社会效益，获得国家企业管理创新"金马奖"、企业改革"风帆杯"。

海尔文化激活"休克鱼"也是另一个经典的管理方法。20世纪90年代，在国家政策鼓励企业兼并重组的情况下，海尔通过"海尔文化激活休克鱼"方法先后兼并了国内18家企业，并且使这些企业都扭亏为盈，其中有14家曾被兼并企业的亏损总额达到5.5亿元，而最终盘活的资产近15亿元，成功地实现了低成本扩张的目标。1998年，哈佛大学把"海尔文化激活休克鱼"

写入教学案例，并邀请了张瑞敏参加案例的研讨。张瑞敏成为第一个登上哈佛讲坛的中国企业家。海尔以管理创新作为企业发展的保障，一直在实践中不断探索。经过十多年的探索实践，张瑞敏创立了适应互联网时代、具有海尔特色的人单合一双赢模式，即每个员工都应直接面对用户，创造用户价值，并在为用户创造价值中实现自己的价值分享。人单合一双赢模式以用户为中心、以战略创新为导向，开创性地把以人为本的管理思想往纵深发展，更加突出个人和自主经营团队的主体地位，推动企业经营活动持续动态升级，实现企业、员工、顾客的互利共赢。2012 年 3 月 24 日，"2012 年全国企业管理创新大会"在北京举行，海尔"以自主经营体为基础的人单合一管理"模式从全国 451 项管理项目中脱颖而出，获得国家级企业管理创新成果奖一等奖第一名。张瑞敏创新的"人单合一双赢模式"在全球管理界引起强烈反响，张瑞敏先后应邀赴西班牙 IESE 商学院、瑞士 IMD 商学院和美国管理学会（AOM）演讲"人单合一双赢模式"。

诚信精神是一个人待人处事真诚、信守承诺、言行一致的思想行为表现。诚信是为人之道、立身处事之本，也是一个人品牌信誉度的重要构成因素之一。同样，诚信既是企业家的立身之本，也是企业的立业之本。诚信是企业形象的重要评判标准之一，是企业品牌的必要构成要素之一，是企业不能摒弃的原则和道德底线。因此，企业家在处理与社会、客户、员工关系方面要坚守诚信原则和契约精神，并将诚信列入企业文化建设的内容。没有诚信的商业社会，将充满极大的道德风险，显著抬高交易成本。缺乏诚信与契约精神，采取欺诈、造假、巧取豪夺等手段获取利益，必然会破坏正常的市场竞争环境，最终的结果是会摧毁社会的信用体系和社会的稳定从而破坏经济的发展，增加人际交往成本和商业交易成本，会造成社会资源极大的无谓浪费。《中共中央国务院关于营造企业家健康成长环境弘扬优秀企业家精神更好发挥企业家作用的意见》中也明确要求企业家强化诚信意识，主动抵制逃税漏税、走私贩私、制假贩假、侵犯知识产权等违法行为，不做偷工减料、缺斤短两、以次充好等亏心事。如果企业家故意制造假信息误导股民、用不正当手段抹黑竞争对手，这种行为不仅违背商业伦理，而且会破坏良好的营商环境，更是对法律的违反和践踏。任何一家缺乏诚信、没有道德底线的企业，最终也会自毁前程，从"冠生园"使用陈年月饼馅到三聚氰胺事件，再到瘦肉精事件，呈现出的都是一个个活生生的案例，甚至触犯到法律。这些案例却又是缺失诚信道德底线的众多现象之中的冰山一角。

2001 年 9 月 3 日，中央电视台在《新闻 30 分》栏目报道了"南京冠生园大量使用霉变及退回馅料生产月饼"的消息。事件曝光后，南京冠生园被勒令全面停产整改，产品下架。此事件不仅令各地冠以"冠生园"的企业难以独善其身，而且整个月饼行业都受到牵连，当年全国月饼市场情况与往年同期相比，销售量下跌了约 40%。事件造成的后果并未就此结束，2002 年 2 月 4 日，南京冠生园食品有限公司向该市中级人民法院提出破产申请，理由是"经营不善，管理混乱，资不抵债"。这家由 1918 年创立的"冠生园"品牌，由于后继者为利忘义、背弃诚信，违背了创始人当年坚持凭真工实料取信于天下的立业之本，才导致了今天的恶果。

2008 年发生了一起轰动全国的严重食品安全事件——中国奶制品污染事件，又名"三聚氰胺事件"。事故起因是很多食用三鹿集团生产的婴幼儿奶粉的婴儿被发现患有肾结石，随后在其奶粉中发现化工原料三聚氰胺。随着事件的迅速恶化，奶粉行业的伊利、蒙牛、光明、圣元及雅士利在内的多个厂家的奶粉都被检测出三聚氰胺。事件造成的影响有以下几方面：对企业层面的影响，事发后三鹿集团立即停产整顿，三鹿集团董事长和总经理田文华被免职，后遭刑事拘留，被判处无期徒刑，三鹿集团高层管理人员王玉良、杭志奇、吴聚生则分别被判处有期徒刑 15 年、8 年及 5 年。三鹿集团被判处罚款人民币 4937 余万元，并最终于 2009 年 2 月 12 日宣布破产。在海外的影响，事件也引起各国的高度关注和对乳制品安全的担忧。多个国家禁止进口中国乳制品，对社会产生了负面影响。

2011 年，媒体曝光的当时拥有中国最大的肉类加工基地的双汇集团瘦肉精事件引发广泛关注。起因是有养猪场采用违禁动物药品"瘦肉精"饲养生猪，有毒猪肉流入了双汇集团公司。事件被披露后，双汇的股票便跌停，市值蒸发了 52 亿元，仅仅半个月内就使双汇的销售额减少了 15 亿元，还导致双汇的品牌信誉度严重受损。

由于受到雪乡宰客事件的影响，2018 年 3 月 8 日，在全国两会黑龙江代表团开放日上，黑龙江省政府要求全省旅行社向社会和游客承诺不欺诈。诚实守信经营本来是商家应该遵守的基本原则，如果事件影响不严重，就根本不需要政府在这种场合提出要求。旅游区宰客事件并不是只发生在雪乡，商业上的欺诈也不仅仅发生在旅游区，可见诚信在社会的缺失程度。

诚信缺失不是中国独有的现象，即使在发达的西方国家，同样存在。只不过在不同的国家和地区、不同时期，这种现象最显著的区别就是存在的普遍性程度有高与低之分。诺贝尔经济学奖得主米尔顿·弗利德曼更是明确指出："企业家只有一个责任，就是在符合游戏规则的条件下，运用生产资源从事获得利润的活动。即须从事公开和自由的竞争，不能有欺瞒和诈欺。"然而，西方国家为了私利，国际组织和企业同样出现了违背契约精神的事件，如作为国际组织的 WTO 违反对中国的协议、美国退出《巴黎协定》。产品的召回也不是一视同仁，如安然公司事件和日本企业近年造假等事件。2001 年12 月，我国成功加入了 WTO。十五年来，中国和全球都享受到了中国"入世"所带来的巨大红利。然而，遗憾的是，作为我国当初"入世"的未尽事宜之一，就是我国当时"市场经济地位"并未被承认，由此导致在过去十五年里频繁遭遇"反倾销"等非关税壁垒。

2017 年 12 月 1 日，新闻报道了美国政府告知世贸组织不承认中国的市场经济地位。美国政府已向世贸组织正式提交书面文件，反对在反倾销调查中给予中国"市场经济地位"待遇。不承认中国的市场经济地位有什么影响?《中国加入世贸组织议定书第十五条》明确规定，自 2016 年 12 月 11 日起，在对华反倾销中，采用替代国价格计算倾销幅度做法必须终止，这一点是非常明确和不容置疑的，所有世贸组织的成员都应该重信守诺。

《巴黎协定》是世界上第一个全面的气候协议，目的在于联合可持续发展和消除贫困的努力，加强对气候变化威胁的全球应对。2017 年 6 月 1 日，美国现任总统特朗普宣布美国将退出《巴黎协定》。美国政府近期违约的事件还有退出"跨太平洋伙伴关系协定"（Trans-Pacific Partnership Agreement, TPP）。2008 年 9 月，美国时任总统奥巴马决定参与 TPP 谈判。2017 年 1 月20 日，美国新任总统唐纳德·特朗普就职当天宣布从 12 国的跨太平洋贸易伙伴关系（TPP）中退出。在美国，这种行为不仅存在于政府，企业也同样不乏先例，"安然事件"就是一个典型。安然（Enron）公司曾经是世界上最大的能源、商品和服务公司之一，名列《财富》杂志"美国五百强"的第七，然而，2001 年 12 月 2 日，安然公司突然向纽约破产法院申请破产保护，该案成为美国历史上第二大企业破产案。"安然事件"引起了社会的轰动，首先遭到质疑的是安然公司的管理层，包括董事会、监事会和公司高级管理人员。他们面临的指控包括疏于职守、虚报账目、误导投资人以及牟取私利等。安然丑闻不仅使安然公司土崩瓦解，而且其高管也遭受到了法律的严厉惩罚：2006 年 10 月 23 日，美国安然公司前 CEO 杰弗里·斯基林因欺诈等罪名被法官判处 24 年零 4 个月监禁，还将向投资者支付 4500 万美元作为赔偿。

"日本制造"曾被奉为制造业质量的标杆，但近年接二连三爆出的日本企业造假事件，却令人震惊。世界五百强之一、成立于 1905 年的百年老店、第三大钢铁企业日本神户制钢公司（Kobe Steel）在 2017 年 10 月被曝质检数据长期造假。神户制钢的铝、铜产品用户涉及家电、汽车、军工企业、飞机火箭等，据初步估计，这次的问题铝、铜制品可能会涉及超过 200 多家的企业。事件曝光后，日本神户制钢公司的股票在几天中暴跌了近 40%。近年造假的企业还有三菱材料、三菱汽车公司、铃木汽车公司、东芝公司、东丽公司、斯巴鲁、高田公司等。2015 年 7 月，东芝财务造假案曝光，涉及三任社长，虚报利润约 12.6 亿美元；2016 年 4 月，三菱汽车公司被曝至少有 4 款在日销售微型车的燃效数据被篡改，涉及汽车或超 200 万辆；2016 年 5 月，铃木汽车公司也承认燃效数据造假，涉及汽车超 210 万辆；2017 年 11 月，日本有色金属巨头三菱综合材料株式会社承认产品质量数据造假……这些企业造假的特点是知情不报、互相隐瞒和造假时间长等。目前了解到的造假企业很可能只是冰山一角。造假事件不仅对企业本身造成伤害，而且已经超出了它们自身的范围，受到影响的是整个日本制造业的声誉，因为"日本制造"曾是信誉的保证，现在已经开始遭遇到巨大的信用危机了，神话已被打破。

企业家精神是企业家自身素质的一个构成部分，由于企业家主宰了企业的命运，所以，企业家精神对企业的发展必然会产生影响。企业家精神也是企业家在道德层面的反映。道德是一种社会意识形态，是人的行为准则与规范。从古至今，人们倡导选人用人的标准是"德才兼备，以德为本"，说明了对德才兼备的人予以重用，一个人的道德品质是作为首要的考虑因素。正如孔子所强调的"为政以德，譬如北辰，居其所而众星拱之"，以及司马光在《资治通鉴》中提出的"取士之道，当以德行为先"，可见他们的观点都是不谋而合。企业是由每一位员工组成的组织，而每一位员工的道德素质构成了企业的整体道德水平。企业在市场上的竞争力，不仅仅体现了企业家一个人的竞争力，更体现了由全体员工共同构成的企业整体竞争力。因此，企业家作为企业的领导者，在道德品质方面更应该为员工树立榜样，才能做到以身作则，才有助于员工树立正确的人生观、价值观和责任心，才有利于建立良好的企业文化，以提升企业形象，增强企业的竞争力。相反，如果企业家不重视自己的道德品行与企业的关系，不仅会影响企业文化的建设，而且会影响企业的生存和发展。

以上企业所出现的问题都表现在诚信方面，最终也就是道德层面的问题，违背企业家精神应该具有的正能量，并且不仅是由一两个人的行为造成的，以上事件暴露出的行为涉及的是一群人、一个部门、一个团队，甚至是整间企业或不止一家企业，可以说具有集体性"犯罪"的性质。这些事例足以说明道德对企业的重要性。因此，企业家作为企业的领导者，不仅自己要坚持诚信的道德底线，而且要将个人行为变成集体行为，以道德行为规范形成企业的文化，从而成为每一个员工都要共同遵守的行为准则，并要监督执行的结果。这样才能降低企业违反道德的风险。商人常被人们认为是缺乏诚信的奸商，主要有两方面的原因：一是由于历朝历代实行"重农抑商"政策，贬低商人的社会地位，导致人们对商人存在歧视；二是由商人自身原因造成的，有部分商人存在缺斤短两、欺骗顾客、缺乏诚信的行为而造成恶劣影响，使整个商人群体都遭殃。

敬业精神就是企业家对自己的事业充满热爱并全心全意投入的一种精神，具体表现为有强烈的事业心和锲而不舍的奋斗精神。企业家要有干一行、爱一行、专一行的精神，不能用浮躁的心态去经营企业，只有持之以恒、脚踏实地、精益求精才能在事业上有所建树。虽然追求利益是企业的目的，但企业家如果抱着急功近利、朝三暮四的思想去经营企业，缺乏专注性和长远眼光，缺乏一步一个脚印的"工匠精神"，忽视什么才是企业持续发展的根本，不仅会分散企业家的时间和精力，也会使企业的人、财、物等资源缺乏有效的综合利用，即使企业能取得短期效益，也最终会使企业的延续性发展缺乏动力。简而言之，这就是关于短期赚钱还是长期赚钱的选择问题。华为、万科和万向公司的创始人是目前企业在专业化发展方面的成功企业家代表。华为在目前的公司介绍里提到"华为是谁"这一问题时，是这样介绍的，"华为是全球领先的信息与通信技术（ICT）解决方案供应商，专注于信息、通信和技术（ICT）领域，坚持稳健经营、持续创新、开放合作"。"我们坚持什么？29年坚持聚焦在主航道，抵制一切诱惑；坚持不走捷径，拒绝机会主义，踏踏实实，长期投入，厚积薄发。"从公司介绍可以看出，华为正是因为坚持这种执着专注的精神，所以才成为伟大的公司。正如任正非所说："一个人一辈子能做成一件事已经很不简单了。"万科从开始创业时的多元化转向专业化，成为了目前中国最大的专业住宅的房地产企业。同样，万向从开始创业时的多元化转向专注于汽车万向节的发展，成为了当今以汽车零部件生产和销售为主的行业巨头。

责任心是指一个人对自己和他人、家庭和集体、国家和社会所应承担的责任。企业家只有首先做到对自己负责，才能做到对家庭、他人、企业、国家和社会负责。没有企业家不希望自己的企业做成功。这就是企业家对企业责任心的基本表现。但在实际上这种责任心会出现三种不同的效果：一种是企业家从实际行动上去体现这种责任心，这种行动对企业的发展具有正确性、促进性的作用。另一种情况是企业家表现出强烈的责任心，但自身的表现在实际行动中找不到正确的方向，即使企业家忙忙碌碌，但却成效不佳。最后一种情况是企业家表面说一套，实际做一套，表里不如一。具体表现为企业家不专心经营，急功近利的浮躁心态。董明珠认为，企业家要做到面对社会，面对员工，面对国家都不可忘"责任"二字。"如果我们把责任二字忘了，我们就会迷失方向。"企业家应自觉遵纪守法、履行职业道德、维护和营造良好的商业氛围、积极参与慈善公益事业。这些都是企业家在社会责任感方面的行为表现。曹德旺认为企业家的责任有三条：国家因为有你而强大，社会因为有你而进步，人民因为有你而富足。在中国商业史上，企业家参与公益事业从来不缺席，从修路筑桥、兴建水利、捐资办学到修建宗祠，遇上天灾则捐资救济。因此，如果用为富不仁来形容中国企业家，有以偏概全的偏见。无论在哪个历史时期，中国一直不缺做公益事业的企业家，但缺的是社会对企业家做公益活动的正确认识和企业家参与慈善事业的范围的界定。2010年9月29日，在北京市昌平区拉菲特城堡庄园举行的慈善晚宴引起社会关注，晚会上比尔·盖茨和沃伦·巴菲特向中国企业家们分享了他们个人的慈善事业经验。

在众多行善积德的企业家当中，马云的慈善事业涉及环境保护领域，还涉及教育、医疗等方面。2010年，马云牵头设立阿里巴巴公益基金。2014年4月25日，马云和蔡崇信一起宣布，将成立个人公益信托基金，期望通过在环境保护、医疗健康、教育发展、公益生态四个领域的工作，促进人与自然、人与社会的和谐发展。该基金来源于他们在阿里巴巴集团拥有的期权，总体规模为阿里巴巴集团总股本的2%，按照目前阿里巴巴集团的股价，价值达近600亿元人民币。这笔捐款如今成为了亚洲迄今为止最大的个人公益信托基金之一。这一年，他也因此以相当于145亿元人民币的捐赠额，被胡润慈善榜称为中国首善，并超越了美国首善Facebook的扎克伯格。统计这一数据的胡润慈善榜表示："这是第一次中国首富同时成为中国首善。"阿里巴巴集团公布的2016财年年报显示马云捐赠额已超过145亿元。

2015 年 4 月，马云发起成立"桃花源生态保护基金会"，由一批热爱公益的中国企业家参与，旨在用科学的手段、商业的手法保护生态。

2015 年 9 月 16 日，马云公益基金会在北京启动"马云乡村教师计划暨首届马云乡村教师奖"。从 2015 年开始，马云公益基金会将会每年拿出 1000 万元人民币作为奖金，向当年入选的 100 名乡村教师提供资助和持续三年的专业发展支持。其后基金会又推出"马云乡村校长计划"，将在 10 年时间投入 2 亿元寻找、支持中国的优秀乡村校长。

2016 年 1 月 28 日，北京师范大学中国公益研究院发布《2015 中国捐赠百杰榜》，阿里巴巴集团的马云以 2.3 亿多元的捐赠额排名第十。2017 年 12 月 1 日，阿里巴巴集团大部分合伙人齐聚杭州蚂蚁总部，宣布成立阿里巴巴脱贫基金，马云担任主席，蔡崇信、彭蕾、张勇和井贤栋四位阿里高管担任副主席。马云宣布，未来五年，阿里巴巴集团将拿出 100 亿元，帮助贫困人口脱贫致富。马云提到："100 亿元加每个人的行动，我们可以改变中国很多问题，尤其像阿里巴巴这样的公司，但是最大的受益者不是别人，最大的受益者是我们自己。"

爱国主义精神是指个人或集体对民族和国家的一种积极和支持的态度。国家利益高于一切，企业家在追逐利益的时候，当个人或企业利益与国家利益有冲突时，应该以国家利益为重。天下太平，百姓才能安居乐业。如果国家混乱，甚至个人性命都朝不保夕，何以谈经商？看到今天中东地区的一些战乱国家就会珍惜国泰民安的日子了。因此，"天下兴亡，匹夫有责"，企业家应有为国家的兴亡和富强而献身的奋斗精神。春秋时期郑国牛贩商为救国而献牛给秦国大军的故事，就证明了中国商人从来就不缺乏爱国主义精神。古时官府缺乏军需粮饷，商人参与助饷，如清朝的王炽和胡雪岩。抗日战争时期，无数的企业家为了民族的存亡而出钱出力，甚至献出了生命，这一特殊历史时期的企业家具有明显的家国情怀，所以被称为民族资本家，如荣毅仁、虞洽卿和卢作孚等。当今正值中华民族复兴之时，政府倡导要培养企业家的国家使命感和民族自豪感，引导企业家正确处理国家利益、企业利益、员工利益和个人利益的关系，把个人理想融入到民族复兴的伟大实践之中。因此，新时代下的企业家应积极响应国家号召，为民族复兴而做贡献。《中共中央国务院关于营造企业家健康成长环境弘扬优秀企业家精神更好发挥企业家作用的意见》倡导企业家要在支持国防建设构建和谐劳动关系、促进就业、关爱员工、依法纳税、节约资源、保护生态等方面发挥更加重要的作用。企业家应该关注国家的政策动向，认真执行政府颁布的各项政策措施，积极参与国家发展建设，如支持"一带一路"倡议。

4. 企业家领导力模型要素之领导力解读

在杜莱维琴和希格斯的综合领导力模型基础上，我们将领导力划分为管理商（MQ）、智商（IQ）和情商（EQ）三部分，并对原来各部分的构成要素做了调整。

管理商（MQ）是指企业家在管理能力方面的商数，主要包括组织能力、善于沟通、发展他人、行动能力和控制能力。

组织能力是企业家组织有效的资源去实现企业目标的能力。企业的资源包括人、财、物、社会关系等。企业资源的有效配置整合和综合利用能使企业实现投入和产出的价值最大化，以获取最大的投资回报。人在企业的各项资源中起着主导作用。因为企业的一切活动都是由人的活动引发而带动其他资源的活动，并贯穿企业的整个运营过程。人是唯一能创造价值的因素，能为企业带来增值。所以，如何用人对企业家来说至关重要。企业家要善于用人，在合适的时间把合适的人请上车，然后安排在合适的位置，把不合适的人请下车，如通用公司和华为公司采取的末位淘汰制。要做到善于用人，就要建立完善的管理体系，设置适合企业当前发展的组织架构，明确每个岗位的职、责、权、利，健全规章制度，设立激励机制，调动员工的积极性，营造一个有利于人尽其才的工作环境。我国历史上因为善于用人而成就大业的典型事例数不胜数。刘邦能用人，成为汉朝的开国皇帝，项羽则因为不善用人，先后失去了韩信、陈平、范增等人，结果自刎于乌江。刘邦在总结自己之所以能战胜项羽的原因时说："运筹于帷幄之中，决胜于千里之外，我不如张良；治国安民，供应军需，我不如萧何；统率百万大军，战必胜，攻必克，我不如韩信。此三人乃人中豪杰，但我能用之，故我能得天下！人无完人，金无足赤。"创业者个人的才能总是有限的，要在创业这项复杂的社会活动中获取成功，就必须有刘邦这般善于用人的才能。

善于沟通是一个成功企业家的必备素质。企业家日常工作沟通的对象主要面向企业内部和外部，内部沟通对象是指员工，外部沟通对象是指客户、供应商和政府等。无论是对企业内部对象还是外部对象，沟通的内容都是关于企业的日常业务运作，沟通的目的都是要保障实现企业目标与计划。虽然企业相关部门根据职能划分有负责与之业务相对应的沟通对象，如在企业内部按层级分为：上级对下级，对外部，销售部对客户，采购部对供应商，安监部、人力资源部和行政部对政府相关部门，但这并不代表企业家就可以高枕无忧。在内部沟通方面，企业家需用简明扼要、通俗易懂的沟通方式将企业的愿景、各阶段的发展目标计划和各项政策措施等清楚地传达给员工，保障从上至下传递信息的渠道畅通，让员工知道公司的发展方向，使他们更好地积极参与。事实上，如果员工不清楚公司的发展目标、计划，他们的工作自然没有方向感，就难以有效配合公司目标、计划的实施。在传递信息的沟通渠道上，除了通过文件、宣传栏、宣传活动等方式，面谈也是一种有效的方式。企业家不一定要见每一位员工，参与每一个会议，但有计划、定时去安排时间，有选择性地与员工面谈和参与不同层级的会议，都是日常管理工作中的有效方法。企业在制定了目标与计划后，除了在制度上通过检查、考核等方式进行监督外，企业家定期安排时间与不同层级的员工沟通，及时了解公司目标、计划的实施效果，制度的执行情况，管理人员履行职责的情况，以及员工对公司意见的反馈，对公司整体运营情况都是一种有效的监督方式。在对外沟通方面，有些公司会出现员工吃回扣、贪污等现象，除了制度监管出现漏洞外，企业家过度信任或依赖员工而没有定时与客户或供应商沟通也是造成上述现象的原因之一，特别是中小企业。如果企业家定时与客户或供应商沟通，不仅能及时掌握市场信息，而且能对员工起到阻吓作用，起码能减少他们吃回扣的机会。另外，企业家及时了解公司的发展目标与计划及规章制度的执行情况，保障了企业家所获得的从下至上的信息的真实性和及时性。这种沟通方式能产生事前沟通，而不是事后沟通的效果，能为企业家决策提供信息支持和使企业有效降低风险。尽管每一个企业家的沟通方式和沟通的侧重点不一样，但优秀的企业家因善于沟通在处理对外关系上显得长袖善舞，对内能及时掌握企业的运营情况，避免因位高权重犯官僚病而难以得到真实信息。

　　发展他人就是指帮助他人提高工作上的知识技能、工作方法和能力素质等，为别人的发展提供机会。员工选择一家企业主要考虑薪酬待遇、工作环境、个人发展前景、地理位置、家庭等因素。其中个人发展前景与薪酬待遇又有内在联系。商品的价值体现在价格上，而一个人的社会价值在正常情况下反映在个人获得的报酬上。员工认为在公司能有发展前景，证明可以提升个人价值，个人价值提升是通过职位晋升、委以重任或创造效益来体现。在个人价值得到提升后，薪酬待遇自然也会作相应的提升。这是员工希望得到的结果，也是企业吸引人、留住人和增强员工凝聚力的关键所在。因此，如何为员工提供合适的发展空间是企业要考虑的问题。所以企业家要具有发展他人的意识。然而，有些企业家大权独揽，事必躬亲，无论大小事，都亲力亲为，弄得自己一天忙到晚，当晚上回到家时已经身心疲倦。有些老板则担心把员工培养好了，最后人却走了，甚至成为了竞争对手，所以也不会放手尝试让员工去承担一些重要工作，不让他们得到锻炼的机会。还有些老板不相信别人，认为在公司中他是最棒的，公司的发展都是他自己的功劳。术业有专攻，人各有所长，老板也不是全能的，即使是全能的，一个人的时间精力也是有限的。企业家应该将有限的时间和精力用在刀刃上，思考公司发展战略这样重要的事。无论是哪种情况，结果都是老板整天劳劳碌碌，整个企业的命运都像压在老板一个人身上似的，一个字"累"；员工会感到不被信任和不受尊重，对企业缺乏归属感；老板不在公司的时候，谁也拍不了板，大家也六神无主；由于没有进行人才培养，企业自然而然就会出现"蜀中无大将，廖化作先锋"的人才短缺局面，制约了企业的发展。因此，企业家要有培养员工的意识，制定员工的职业生涯规划，在明确了各个岗位的职、责、权的基础上，企业家要相信员工有潜能去承担更重要的工作，并鼓励他们这样做，投入时间和精力去教导培养他们，努力去发展他们的能力，使他们有效地促进和发展自己。企业家进行有效的授权，给员工发展的机会，同时也是给自己节省时间和精力去做更重要的事情。为了更有效地培养人才，企业应该建立一套有效的人才培养机制，有些企业建立与高校的合作，也有些企业建立自己的企业大学，或者采取两者结合的方式。企业大学的主要作用体现在交接班、团队建设和企业文化传承方面。例如，在2017年6月7日发布的2017年《财富》美国五百强排行榜中，排名第十三的通用电气公司（GE）在1956年创立的克劳顿管理学院，被《财富》杂志誉为"美国企业界的哈佛"，出自 GE 公司跻身《财富》五百强的 CEO 就多达 137 位。克劳顿管理学院有着明确的使命：创造、确定、传播公司的学识，以促进 GE 的发展，提高 GE 在全球的竞争能力。克劳顿管理学院是 GE 高级管理人员培训中心，为 GE 员工的成长与发展提供培训，向 GE 各业务部门传播最佳实践、公司的举措以及学习的经验，传播公司的文化与价值观。每年在克劳顿村接受培训的 GE 高级经理人员都达 5000~6000 人，他们分别来自 GE 在全球的业务部门。克劳顿管理学院的教员有 50% 来自 GE 高层管理人员，其中包括 GE 前董事长兼 CEO 韦尔奇先生以及现任董事长兼 CEO 杰夫·伊梅尔特先生。克劳顿管理学院建立了一套结合个人发展的培训层级体系：从基层员工到高级经理人，处于职业生涯不同阶段的人才都能够在这里获得自己的所需。

中国企业虽然在建立自己的企业大学方面比西方的企业起步晚，但他们的企业大学现在也纷纷建立起来了，如海尔在 1999 年创建了海尔大学，是海尔人的学习平台和创客加速平台。承接海尔集团"企业平台化、员工创客化、用户个性化"的战略发展，搭建开放的并联交互平台，加速创客孵化、助力小微引爆，并通过交互推广海尔的"创业、创新"文化及"人单合一双赢"模式，助力每位员工成为自己的 CEO，持续为用户创造价值；联想管理学院由联想集团创建于 2000 年，联想管理学院以企业文化作为战略性培训的核心内容，有效增强员工的认同感和使命承诺感。新员工入职培训包含 1 年两期的联想经理培训、联想高级干部研讨班、外地平台新员工培训、员工的在职学历培训和海外短期培训等多层次全方位的培训方式，已经成为联想公司留住人才和发展人才的有效手段；阿里巴巴在 2004 年创办了阿里学院，致力于电子商务人才的培养，立志打造全球领先的电子商务教育服务机构，打造权威外贸培训、网络营销培训，汇集海量网上学习内容，覆盖电子商务的网络；中兴通讯股份有限公司在 2003 年成立的中兴通讯学院，宗旨是为中兴通讯的客户提供有显著价值的专业培训、咨询服务和专业出版物，提供知识解决方案；华为公司在 2005 年成立的华为大学，为华为员工及客户提供众多培训课程，包括新员工文化培训、上岗培训和针对客户的培训等；百度营销大学是由百度公司创建于 2012 年，核心课程体系涵盖互联网营销理念、互联网营销策略、互联网营销方式、互联网营销管理等方面。其主要目的是致力于推动中国营销人员互联网营销水平的不断提升，让互联网营销的理念、方法成为广大营销人员的常识，从而推动中国企业应用现代营销手段的能力不断上升；腾讯公司在 2014 年成立了腾讯大学，该大学细分为四个子学院：微信学院、电商学院、开发平台学院、互联网学院。

在这里，我们来看看创维的黄宏生是如何通过分权来发展他人的。2001年 3 月张学斌加盟创维。张学斌向创始人"要求授权"。当时创维在营销、研发、财务等方面的管理非常粗放。张学斌向黄宏生提议成立彩电事业部，要求这个事业部的经营权、人事权、财务权都归自己，同时 3000 万元之内的资金配置不需要黄宏生批准。彼时黄宏生刚经历了陆强华率众出走事件的冲击，在痛感不放权不行的形势下，答应了张学斌的要求。陆强华是将创维营收规模从几亿元做到了 40 多亿元的营销强人，他的出走极大地触动了黄宏生。

2003 年，创维开始实施期权、盈利分享等职业经理人激励制度，包括严格的绩效考核制度，把员工效益与业绩挂钩；2004 年创维还批量提拔年轻人进入高管层。2004 年创维已初具职业经理人管理体系。

2005 年，创维改组了董事会，时任深圳市电子商会会长王殿甫接替黄宏生出任创维董事局执行主席，张学斌出任创维董事兼总裁；2007 年 4 月，张学斌接任创维董事局主席。

期间，张学斌力推治理改革，最重要的是对分公司的股改。自 2007 年开始，创维在广州、广西等四家分公司实行"分公司法人化"，各地分公司骨干员工可按比例持股，分公司总经理是最大股东，最高可获 30%股权，员工收入与分公司当年业绩直接挂钩。到 2008 年，创维在全国完成了对 40 家分公司的改革。分公司成为有决策权的独立运作实体，在制度上释放了员工的积极性。

而在兼任创维集团董事局主席时，除了对创维在战略规划、资源配置与营运管控等方面做调整以外，张学斌推动成立和修订了创维的薪酬委员会、决策委员会以及提名委员会。其中，提名委员会、薪酬委员会等机构在 2005 年就成立了，2012 年 3 月底，张学斌进一步优化了这些制度，实现了"系统全面升级"。

现在，创维创始人黄宏生如果有什么意见或者人才推荐，都需要通过提名委员会、决策委员会的研究后，才能交给经营层去实施。

自 2009 财年以来创维连续三年净利润超过 10 亿元，2012～2013 财年上半年，创维收益更是优于国内大多数家电企业，实现销售额与盈利双增长，创造了历史最好业绩。

行动能力是指个人或组织将想法、目标和计划采取积极的态度付诸行动的能力，是自动自觉做事的能力。个人的行动能力取决于其理念意识、性格特征、工作习惯等因素。行胜于言，行动是成功的开始。即使制定了非常完美的目标与计划，但如果不将目标与计划付诸行动，那就永远只是纸上谈兵。因此，人生最靠谱的希望就是将希望寄托于自己的意志和行动上，才一切皆有可能。企业家的行动能力体现在个人和企业两个方面。对个人而言，企业家将自己的梦想、目标和计划等付诸实际行动，不是只停留在想的阶段。企业家会比一般人更具高瞻远瞩的眼光，因此，他们的想法不一定会得到别人的认可，也会被认为是不可理喻、脱离实际的空想。还有要将已说出来的承诺变成现实，也就是言行一致，说到做到。这就是要努力将自己的所想、所说变成现实；对企业来说，企业家要有推动公司将已制定的目标和计划实施的能力，并有坚定不移的决心以及将它们实现的自我执行能力。因此，一个优秀的企业家应该是一个不折不扣的行动主义者。

阿里巴巴集团成立"五新执行委员会"落地马云新战略。2017年7月11日，阿里巴巴官方微博宣布成立"五新执行委员会"，由阿里巴巴集团CEO张勇担任委员会主席，蚂蚁金服CEO井贤栋担任副主席。马云于2016年10月的云栖大会上首次提出"五新"战略，具体指新零售、新金融、新制造、新技术和新能源。此次成立五新执行委员会的职能在于，统筹包括阿里巴巴集团、蚂蚁金服集团、菜鸟网络等阿里生态体系内力量，投入建设"五新"。五新执行委员会成立的最终目的就是保障战略的执行。

控制能力就是指企业家对企业整个运营过程的实际控制能力。影响企业发展的环境因素主要分为内部环境因素和外部环境因素。内部环境因素包括日常管理、各项资源和企业文化等。外部环境因素包括政治环境、经济环境、技术环境和社会文化环境等。在控制范围方面，企业家如果能够控制一切影响企业发展的因素是最有利于企业的。但从企业受影响的内部环境因素和外部环境因素看，外部环境因素是不受制于企业家的。所以企业家只能够控制企业的内部环境因素。企业家对内部环境因素控制的好坏程度则反映了企业家控制能力的强弱。正常情况下，企业家对内部环境因素控制的好坏程度可以通过企业是否完成原来制定的目标和企业出现的问题多少来衡量。如果公司没有实现既定的目标和出现的问题越多，就证明企业家的控制能力就越差。当然，这种分析方法排除了特殊原因之外的因素。企业家应该要清楚哪些环境条件或范围是可以控制的，哪些是不受控制的。无论是哪种情况，企业家应采取相应的应对措施。股权是股东按股权比例而享有的从公司获得经济利益和参与公司经营管理的权利。股东的股权比例可以从法律的层面通过工商注册登记和投资协议来清晰地界定，但关于股东按股权比例而享有从公司获得经济利益和参与公司经营管理的权利的执行情况在现实中并不是每一间公司都能完全执行。例如，有些公司的股东没有机会看到反映公司实际经营状况的财务报表；公司的重要决策没有按《公司法》执行，平常基本上是由大股东说了算，小股东甚至连参与决策的机会都没有。另外，企业家虽然参与日常的管理，但并不代表企业家能完全清楚地掌握公司所制定的目标和计划的具体实施情况、相关真实数据，以及企业运营每一个环节的实际情况，如果结果显示企业目标没有100%实现，出现业务员或管理人员收回扣、滥用职权牟取私利的现象，这就证明了员工不是严格执行公司的规章制度，甚至会出现当年国美公司内部创始人与职业经理人的控制权之争以及分别发生于1994年的君万之争和2015~2017年万宝之争的万科股权争夺战。黄光裕和王石都是企业的创始人和掌舵人，但并不代表他们在任何情况下都能完全掌握公司的控制权，特别是上市公司，产生的变数会更大，甚至也出现过创始人被赶走的案例。人、财、物是企业家对一家公司必须要控制的三个要素，否则就难以实现企业的目标。但现实中并不是每一个企业家都能完全做得到。2000年，创维集团董事长黄宏生因与时任创维中国区域销售总部总经理陆强华在工作上产生分歧，最终导致了陆强华的出走。但两人的冲突并没有因为陆强华的出走而结束，除了闹上法庭之外，陆强华还带着原创维100多名营销人员加盟了高路华，其中有11位大区域总经理、40多位中层管理人员，而当时创维在全国一共只有24个大区域总经理，整个销售系统遭到严重冲击，企业军心动摇。更致命的打击是原有的4000位经销商约有一半也跟着"出走"去了高路华。"屋漏偏逢连夜雨"，加上2000年中国彩电业不景气，创维2000年4~9月就巨亏了1.25亿港元，市值暴跌80%多。这让原本蒸蒸日上的创维一下子陷入了前所未有的危机。创维发生的事轰动了业界。一个职业经理人一挥手就带走了企业 100 多人，创维有没有受到大权在握的董事长黄宏生的完全控制，就一清二楚了。

我们再从阿里巴巴 CEO 卫哲引咎辞职的事件中看企业家的控制能力。2011 年 2 月 21 日，阿里巴巴 B2B 公司宣布，为维护公司"客户第一"的价值观及诚信原则，公司 CEO 卫哲、COO 李旭晖因此引咎辞职，由淘宝网原CEO 陆兆禧接任。这一轰动事件的起因是供应商涉嫌诈骗，员工参与其中。

阿里巴巴公司发现从 2009 年底开始，平台客户的欺诈投诉有上升趋势。于是 B2B 公司董事会委托专门的调查小组，对上述事件进行了独立调查。调查结果显示，2009 年、2010 年两年间分别有 1219 家（占比 1.1%）和 1107家（占比 0.8%）的"中国供应商"客户涉嫌欺诈。在调查过程中，有证据表明 B2B 公司直销团队中的一些员工，为了追求高业绩高收入，故意或者疏忽而导致一些涉嫌欺诈的公司加入阿里巴巴平台。涉嫌欺诈账户已经被全部关闭，并已提交司法机关进行调查。同时，公司也严肃处理了近百名负有直接责任的销售人员。

从事件的发生时间来看已有两年，证明了马云或 CEO 卫哲是事后才发现，同时也证明了他们对公司当时的运营情况没有做到随时了如指掌，也从侧面反映了他们对公司的实际控制程度。

换而言之，如果出现上述情况，就等于企业家没有百分之百控制公司。因此，企业家对企业的控制能力及程度不仅决定了企业的业绩，而且决定了企业的命运。

智商（IQ）是人们认识客观事物并运用知识解决实际问题的能力，主要表现为人在理性方面的能力，包括观察能力、记忆力、想象力、创造力、分析判断能力、认知能力、语言能力、计算能力、思维能力、应变能力和推理能力等。智商反映出人作为自然人的生存能力。智商的作用主要在于更好地认识事物。企业家的智商方面主要表现为战略眼光、决策能力、创新能力、应变能力、悟性和学习能力。

战略眼光是指企业家对企业的未来发展要具有高瞻远瞩的眼光和明确的战略规划。战略是确定企业的目标和愿景，明确企业的发展方向。因此，"不谋万世不足谋一时，不谋全局不足谋一域"，战略的作用对企业的重要性不言而喻。只顾眼前利益，急功近利，没有着眼于企业长远利益，"头痛医头，脚痛医脚"，缺乏系统性思维是不利于企业的长远发展的。能高瞻远瞩、未雨绸缪的企业家是先知先觉的，但毕竟只有少数人能达到如此境界，更多的是后知后觉，甚至是不知不觉。那些过度鼓吹企业要"做大做强"的思想也并不适合所有企业，往往会使一些企业误入歧途。当快速的膨胀超过了企业的承受能力后，就会令企业瞬间坍塌，如当年史玉柱建立在珠海的巨人集团的倒下就是很好的一个案例。在造成巨人集团倒闭的原因中，其中有一个是建办公楼。史玉柱原本想建 18 层的巨人大厦，后来一改再改，从 38 层到 54 层、64 层再到 70 层。最后目标竟变成了要盖一座珠海的标志性建筑，也是当时全国最高的大厦。投资由原来的 2 亿元增加到 12 亿元。结果在 1997 年初因资金链断裂，公司倒闭，巨人大厦也只建到第三层。1995 年史玉柱还被《福布斯》评为大陆富豪第八位，结果两年后却变成了负债 2.5 亿元的"负豪"，黯然离开了珠海。值得庆幸的是史玉柱后来东山再起，还清了债务。2009 年，时隔 12 年后，史玉柱重回故地，依然看见那座三层建筑静静地躺在那里，不知此时的他有何感想。强大并不是企业唯一的生存法则，也并不代表就一定能比小企业生存得长久。外国许多百年老店都是小公司，却延续了几代人，对企业来说，是昙花一现更重要还是长久生存更重要？总之，企业家应该量力而行，找出适合自己企业发展的道路才是正道。正确的战略能使企业走向成功，错误的战略会使企业遭遇挫折，甚至会将企业带向万劫不复的深渊。战略对企业的重要性，也决定了制定战略是充满挑战性的。对于如何相信未来会发生的事情，在更多的情况下，人们普遍容易接受因为看见才相信这一方式，只有少数人接受因为相信才看见。企业家正是属于这一部分少数人。正如马云在阿里巴巴 18 周年庆上所讲："今天的阿里巴巴不是今天做成的，是 18 年以前的决定做成的。"而当初并不是每个人都认同马云对未来看法的观点。当时马云推销业务时，别人还以为他是做传销的。企业家是把握企业发展方向的人。一个企业老板如果整天忙于处理当前要解决的问题，陷入日常事务之中而不能自拔，就会无暇顾及日新月异的环境变化和行业发展趋势，难以静心思考企业的现状与未来。在这种情况下，老板累，企业的发展也不会有清晰的前景。企业家应该分析企业的优势和劣势，以及存在的机遇与挑战，然后制定企业的长期目标和将其付诸实施的规划。战略不仅受内部环境因素的影响，同时也受外部条件的制约，如政府的政策措施。因此，企业家也要及时根据外部环境的变化来及时调整原来已制定的战略措施。近年来，随着政府开始加大对环境污染的治理力度，政府倡导要淘汰落后产业，发展新兴的节能环保产业。那些污染严重和环保措施不达标的企业自然是首当其冲。因此，这些企业的掌舵人应该根据政府的政策，及时调整并重新规划原来的战略。我们从万科、万向集团实行的专业化战略，以及创维、阿里巴巴和万达集团的战略调整案例中，去感悟战略对企业的发展意义。

成立于 1984 年的万科集团，于 1988 年进入房地产行业，经过三十余年的发展，是目前中国最大的专业住宅开发企业。2016 年万科首次跻身《财富》"世界五百强"，位列榜单第 356 名；2017 年再度上榜，位列榜单第 307 名。万科的辉煌与王石坚持业务从多元化走向以住宅地产为主的专业化战略，然后再从专业化走向精细化是分不开的。万科自成立开始，业务就逐步发展到多元化模式，包括自动化办公设备及专业影视器材、医疗诊疗设备等进口业务、展会服务、手表项目、印刷厂、首饰制造、房地产、商业连锁零售、电影制片及激光影碟生产等，在 1990 年形成了商贸、工业、房地产和文化传播四大支柱产业。1991 年，公司的业务调整为十大行业：进出口贸易、零售连锁商业、房地产开发、金融证券投资、文化影视制作、广告设计发布、饮料生产与销售、印刷与制版、机械加工和电气工程。万科在这种高速发展的模式下出现了资金短缺现象，公司的发展遭遇到了困境。为了扭转局面，万科需要重新考虑企业的战略定位。企业在发展战略上的决策本身就是一个取舍的过程。1993 年 1 月，王石明确了以加速资本积累、形成经营规模效应作为未来的发展方向，决定集中资源聚焦于房地产业务的发展，从而放弃多元化经营模式，走专业化之路。这一减法模式的决定，使万科未来的发展战略目标更清晰了。于是，万科开始逐步将供电厂、印刷厂、怡宝蒸馏水和万佳百货等与房地产毫无关联的业务全部卖掉。2001 年转让万佳后，标志着万科完成了从多元化向专业化的转变，首先实现了专业化。这一转变大约用了 9 年时间。万科从 2000 年开始向精细化实施战略转型，目标就是在专一的住宅领域做到更专业、更优秀、更卓越。在 2010 年，万科销售总额达到 1081.6 亿元，相当于美国四大住宅公司高峰时的销售总额，不仅率先成为中国第一个销售额超过千亿元的房地产公司，而且也是当时全球销售规模最大的房地产公司。这是万科实现了专业化战略目标所达到成效的一个佐证。王石相信简单的力量，认为万科越做越简单，但并没有越做越小，反而成为了房地产的老大。对于反对多元化发展的强硬态度，王石曾言："万科一定要坚持走专业化的道路，如果想要多元化，我从棺材里也要伸出只手来干扰你们。"然而，企业制定的战略不是一成不变的，而是要根据企业的发展需要和环境变化作相应的调整。万科之前一直强调以住宅开发为主的发展战略，但在

2010 年，万科调整了战略，正式进入商业地产。虽然万科调整了战略，但始终没有离开房地产行业，只不过是业务的延伸，坚持以住宅开发和物业服务作为公司的核心业务。近年来，万科的战略再次作了进一步调整，业务拓展到物流仓储、冰雪度假、集中式长租公寓、养老、教育以及"轨道+物业"等领域。

万向集团自 1969 年成立后的第一个十年里，生产过犁刀、铁耙、轴承、万向节等各种产品。1979 年，每天都关注时事新闻的鲁冠球看到《人民日报》的一篇社论《国民经济要发展，交通运输是关键》。凭着商业的直觉，他预测汽车业的发展将会迎来春天，便当机立断决定专攻万向节生产，将其他五花八门的产品砍掉，于是把原来挂在厂门口的其他门牌都撤下，只保留了"萧山宁围公社万向节厂"。万向节是汽车传动轴和驱动轴的连接器。1980 年，万向开始了汽车零配件"万向节"的专业生产。正是鲁冠球这一具有预见性的和充满魄力的决定，万向成为第一家产品进入美国通用汽车公司配套生产的中国汽车零部件生产商。经过几十年的发展之后，万向成为了当今以汽车零部件制造和销售为主的业界巨头，国家 520 户重点企业中唯一的汽车零部件企业。同时，万向在金融、服务、现代农业等领域的发展取得了突破性的增长，发展成为营业收入超千亿元、利润过百亿元的现代化跨国企业集团。

万科和万向两间公司的战略发展路径都是先从多元化到专业化，再以原来的主业为基础回归到多元化。

一直在电视产业发展的创维也在发展战略上作了调整，探索未来新的业务增长点。2010 年 4 月，黄宏生和夫人抛售了创维 1 亿股股份，套现约 9 亿港元，并拿这笔钱成立了创源天地投资公司。2010 年 8 月，创源天地成立了子公司——南京创源天地汽车有限公司。2011 年 1 月，创源天地汽车有限公司与金龙联合汽车工业有限公司、东宇汽车集团有限公司共同出资，组建南京金龙客车制造有限公司，进军新能源汽车行业。黄宏生控股 60%，出任公司董事长。

2018 年 2 月 5 日，阿里巴巴集团、文投控股股份有限公司（简称"文投控股"）与万达集团在北京签订战略投资协议，阿里巴巴、文投控股以每股 51.96 元收购万达集团持有的万达电影 12.77% 的股份。其中阿里巴巴出资 46.8 亿元、文投控股出资 31.2 亿元，分别成为万达电影第二、第三大股东，万达集团仍为万达电影控股股东，持有 48.09% 的股份。

两家战略投资者将利用自身优势与万达电影开展全面战略合作。阿里巴巴将利用大数据及内容网络平台，支持万达电影发展。文投控股将与万达电影在院线加盟、影院广告等业务方面开展全面合作，文投集团利用丰富的土地和旅游资源与万达集团开展文化旅游合作。三家企业承诺所持万达电影股票至少要锁定两年。

万达集团表示，转让万达电影股份主要是为万达电影引进具有战略价值的股东，并非单纯回笼资金，相信两家战略投资者与万达电影之间的互补效应会对万达电影长期利好。

决策能力是指企业家在企业经营管理过程中对事务所做出果断决定的能力。决策能力是企业家的知识结构、经验、心理素质、思维方式、判断能力和创新精神等在决策方面的综合表现。企业家的决策能力应该具有准确性、及时性和灵活性的特征。决策本身就具有风险性，决策的准确程度取决于企业家的综合素质水平。决策的准确性体现了如果企业家在大事方面决策失误，会使企业错失发展机会或造成重大损失，甚至令企业走向衰落或灭亡，如曾在影像界创造了一系列辉煌的"黄色胶片巨人"柯达公司因发展战略的决策失误而走向衰落的鲜明案例。另一个发人深省的案例是铁本事件。2002 年，铁本公司在规划建设钢铁项目时，最初规划的是 200 万吨的宽厚板项目，但在地方政府的大力支持下，后来在短短几个月里，铁本项目的规划逐步扩大到 400 万吨、600 万吨，最后竟变成了年产 840 万吨的大型钢铁联合项目，规划占地也从原来的 2000 亩一路攀升到 9379 亩。铁本公司法人戴国芳也只以不足 20 亿元的自有资本就启动了 100 多亿元的钢铁项目。铁本项目最终并没有得以顺利进行。戴国芳作为公司项目的决策者负有不可推卸的责任，对项目的规划缺乏正确的判断。因此，决策的准确性必须具备对事物的分析判断能力和准确的预测能力，以及在危机或紧要关头当机立断的决断能力。决策的及时性是企业家在做决策时，条件往往是不完全具备的，决策本身就带有风险性，如果要等对事情有了百分之百的把握才去决策，就会错失决策的良机。因此，企业家在决策时不能抱有完美主义思想，一味追求十全十美，不想有任何失误，那只能作茧自缚，自欺欺人，而错失决策的最佳机会，企业家应把握大局，权衡利弊得失后当机立断，才是正道。另外，企业家在日常工作中会经常面对文件审批、业务请示和会议上提出的问题等情况，如果企业家没有及时作出批复或反馈，就会造成文件或问题处于积压状态，下属在没有得到老板明确的批示或回复之前是不敢贸然开展下一步工作的。这种情况会令公司运作系统的一些环节出现停滞状态，时间拖得越长，对工作就越不利，原来制定的目标和计划完成时间就会受到影响，公司的运营成本和风险也会增大，员工的工作积极性也会受到打击。决策时既要讲究原则性，也不要忽视灵活性，不要墨守成规，要视情况而定，企业家可采取先决策后通报的灵活方式，快速决策去解决问题，避免延误时机。

创新能力是指企业家将创新精神转化为实际的行动能力，如创造新概念、新理论、新方法，更新技术，发明新设备、新产品，还有服务、管理、制度、战略等创新，并实现这些新元素的能力。企业所获得的创新成果也就是企业家创新能力的具体表现。社会在变化，市场在变化，客户在变化……只有永恒不变的是变化！从华为、海尔、格力三间公司去领略创新为企业发展带来的巨大推动力。

华为作为中国民营企业是世界五百强里唯一一家没有上市的公司。2013年，只有23年历史的华为首次超过了已有137年历史的全球第一大电信设备商爱立信，排《财富》世界五百强第315位。2017年7月20日，美国《财富》杂志发布了最新一期的世界五百强名单。华为以785.108亿美元营业收入首次打入前百强，排第83位，较上一年的第129位提升46位。华为2017年实现销售收入人民币6036亿元，同比增长15.7%；净利润为人民币475亿元，同比增长28.1%，平均每天赚1.3亿元人民币。2016年8月，中华全国工商业联合会发布"2016中国民营企业五百强"榜单，华为以3950.09亿元的年营业收入成为五百强榜首。为什么创立于1987年的华为能取得如此辉煌的业绩？其实这些成绩的背后与华为在技术创新方面是息息相关的。在知识产权层面，根据世界知识产权组织公布的数据显示，2015年企业专利申请排名方面，华为以3898件专利申请连续两年位居榜首。截至2016年12月31日，华为累计获得专利授权62519件；累计申请中国专利57632件，累计申请外国专利39613件。其中90%以上为发明专利。欧洲专利局宣布，2017年，华为向其申请了2398项专利，专利申请数在全球企业中排行第一。目前，在华为从事研究与开发的人员约8万名，占员工总数的45%。华为2016年研发费用支出首次超过100亿美元，达763.91亿元人民币，占到整体收入的14.6%；近十年累计投入的研发费用超过3130亿元人民币（相当于450.7亿美元）。这笔用于技术创新所投入的费用，并不是每家公司都愿意或能够投入的。2018年2月26日，华为发布了首款5G商用芯片——巴龙5G01，率先突破了5G终端芯片的商用瓶颈。这也是全球5G产业的一项重大突破。不管怎样，这些成绩和数据反映了技术创新成为了华为发展的核心动力。实际上就是华为创始人任正非将创新精神转化为创新和创造能力的具体体现。

张瑞敏领导的海尔在产品研发上所取得的成就同样斐然，在全球公认的衡量研发的四个维度，海尔均为行业第一：一是创新体验。海尔累计获得著名设计大奖（如 IF 大奖、红点设计大奖等）65 项，是行业第二名和第三名获奖数总和的 3 倍。二是国家级大奖。海尔获得国家科技进步奖 11 项，行业其他公司合计 2 项，海尔获奖数是行业其他公司总和的 5 倍多。三是发明专利。海尔拥有专利 16316 件，在海外 30 多个国家和地区拥有有效发明专利 528 件，海外发明专利是行业其他公司的 20 多倍。四是标准话语权。海尔拥有国际电工委员会（IEC）专家席位 13 个、主导国家标准 48 项、国际标准 28 项；行业其他企业共计主导国家标准制定 8 项，海尔是其他企业的 10 倍以上。

在竞争激烈的空调市场，格力却依然能保持一枝独秀，产品远销 160 多个国家和地区。自 2005 年至今，格力家用空调产销量连续 12 年领跑全球，2006 年荣获"世界名牌"称号。2010 年，格力成功获得南非世界杯场馆的中央空调项目。其中成功的奥秘之一是技术创新能力。格力公司的口号是"格力，掌握核心科技！"这是格力一直在努力的目标。格力为了实现这个目标，通过技术创新来研发新产品和获得专利技术。经过多年的努力，格力至今已开发出的产品与技术有超低温数码多联机组、高效离心式冷水机组、G-Matrik 低频控制技术、超高效定速压缩机、1 赫兹低频控制技术、R290 环保冷媒空调、多功能地暖户式中央空调、无稀土磁阻变频压缩机、永磁同步变频离心式冷水机组、双级变频压缩机、光伏直驱变频离心机系统、磁悬浮变频离心式制冷压缩机及冷水机组、高效永磁同步变频离心式冰蓄冷双工况机组、环境温度零下 40 摄氏度工况下制冷技术、三缸双级变容压缩机技术、应用于热泵空调上的分布式送风技术、面向多联机的 CAN+ 通信技术、基于大小容积切换压缩机技术的高效家用多联机和 NSJ 系列车用尿素智能机共 19 项 "国际领先" 级技术，生产出了 20 个大类、400 个系列、12700 多种规格的产品，公司累计申请专利 34927 项，获得授权专利 20277 项。

格力能够取得如此傲人的业绩，如果没有强大的研发实力支撑，"掌握核心科技！" 这个口号就会变成一句空话。格力公司目前拥有 "空调设备及系统运行节能国家重点实验室"，建有 "国家节能环保制冷设备工程技术研究中心" 和 "国家认定企业技术中心" 等 2 个国家级技术研究中心、1 个国家级工业设计中心，拥有制冷技术研究院、机电技术研究院、家电技术研究院、智能装备技术研究院、新能源环境技术研究院、健康技术研究院、通信技术研究院、机器人研究院、数控机床研究院、物联网研究院、电机系统技术研究院、装备动力技术研究院等 12 个研究院、1 个机器人工程技术研究开发中心、72 个研究所、727 个先进实验室和 10000 多名科研人员。

无论是华为还是海尔和格力，他们之所以能在各自的领域里翘楚群雄，是因为他们有着相同之处，就是拥有强大的自主创新能力。产品与技术的研发是这种能力其中一个方面的体现。这种能力转化为企业的生命力，从而成就了他们今天令人瞩目的成就。

应变能力是指人在外界事物发生变化时，能审时度势、随机应变地及时做出决策的能力。每个人的应变能力可能不尽相同，造成这种差异的主要原因可能既有先天的因素，也有后天的因素。长期从事紧张工作的人比从事安逸工作的人的应变能力强些。应变能力高的人往往在复杂的环境中能够遇事冷静、沉着应战，而不是紧张和莽撞行事。应变能力可通过锻炼自己分析问题的能力和迅速作出决策的方法来提升。当人们遇到各种各样的问题和困难时，千方百计努力去解决问题和克服困难的过程也是锻炼应变能力的过程。

企业内部和外部环境的变化都会影响到企业发展战略的实现和管理模式的改变，如劳动力短缺、招聘难、人力和原材料成本上涨、竞争激烈、互联网发展、政策法规、冲突管理和风险管理等。无论是来自于企业内部还是外部的影响因素，这些都不是企业家所能控制的，突发事件更能说明这些因素不受控制，所以企业家应该要有能力去应对任何突发的危机事件，使企业化险为夷。

2000 年创维集团发生了陆强华出走事件后，公司受到重挫，股价大跌，人心涣散。公司面临严峻考验。为了应对这一艰难困境，黄宏生被迫采取一系列紧急变革措施。他主动放弃了董事局主席的年金，还拿出 1 亿股股票期权分配给集团的 800 名管理人员和骨干，并重新组建销售团队。变革措施见效，2000 年创维实现了在国内销售 44 亿元，出口 5 亿元，保住了在业界排名第四的地位。黄宏生终于跨过了这道坎。

风波虽然给公司造成了冲击，但从另外一面看，正是因为这场风波，让黄宏生反思过往的管理模式和自己的领导方式，才触动了他思变，重点在权与利上进行变革，推行新的管理模式。

突发危机事件的潜在性任何一家企业都存在，无论事件的程度大小，来自企业内部还是外部，都难以避免。这就考验企业家的应变能力。因此，评价一个企业家的综合素质，除了看其在顺境时的纵横捭阖，更要看其身处逆境时，能否从容地化解危机。再来看看乐视与万达的例子。乐视与万达在 2017 年成为了最受大众瞩目的两家企业，原因是他们都面临着突发危机，但这两个企业最后却呈现出截然不同的结局。万达最后能安然度过危机，而乐视却到了 2018 年还依然深陷旋涡，就连接盘者孙宏斌也深陷其中。当了 237 天乐视网董事长的孙宏斌在 2018 年 3 月 14 日辞了职。2018 年 3 月 29 日，融创中国在中国香港召开 2017 年业绩发布会，孙宏斌宣布对乐视是一次失败的投资，亏损了 165 亿元。

2017 年 6 月，原中国银监会对万达排查授信风险，万达的 6 个境外项目融资遭严格管控。紧接着，原中国银监会通知各大银行，要求对万达集团、海航集团、安邦集团、复星集团与浙江罗森内里投资公司的境外投资借款情况及风险进行分析，并重点关注这些企业所涉及的并购贷款、内保外贷等跨境业务风险情况。中央政府关于海外投资政策的转向，让王健林感受到了空前压力。王健林果断进行大规模出售国内资产来回笼资金，以防范这次可能因银行断贷所造成的挤兑危机。2017 年 7 月 19 日，万达集团旗下的万达商业首先与融创中国、富力地产签订了一笔交易总额高达 637.5 亿元的协议。

在这个协议中，融创以 438.44 亿元收购万达集团的 13 个文旅项目 91% 的股权，余下 9% 的部分由万达商业保留。富力地产则以 199.06 亿元的价格，接盘万达 77 间酒店。

万达文旅城与万达五星级酒店项目倾注了王健林多年的心血，虽然在面对危机时，他可能有不舍，但他没有丝毫犹豫。

这次大规模出售文旅城与酒店项目，为万达集团直接减债 440 亿元，回收现金 670 亿元，整体减债 1100 亿元。再加上过去的现金储备，万达集团大大加强了承受风波冲击的能力。

7 月 21 日，王健林对外公开表态，"积极响应国家号召，我们决定把主要投资放在国内"。

8 月 18 日，国务院办公厅又转发了《关于进一步引导和规范境外投资方向的指导意见》，限制房地产、酒店、影城、娱乐业、体育俱乐部等境外投资，而这些领域恰恰都是万达集团这些年海外投资的重点。

9 月，又有外媒爆出"王健林被限制出境"的传言，王健林与万达风波进一步升至高潮。王健林始终保持清醒，他没有陷入与媒体的口舌之争，而是专注在危机应对上，一方面维持万达各业务的稳定经营，另外加大找钱的力度，以避免造成多方挤兑。

2018年1月20日，在万达集团2017年年会上，王健林坦诚2017年对万达来说是非常难忘的一年，经历了风波，也承受了一些磨难，但在比较困难的经营条件下，较好地完成了2017年的各项工作任务。

正是由于王健林出色的应变能力，才成功带领万达走出了这次突如其来的危机。

2012年，对万科来说是企业发展史上一个难忘的年份。万科在这一年连续爆发了"毒地板"事件和"纸板门"事件。其中"毒地板"事件被认为可以归入万科历史上最严重的危机。

2012年2月16日11点50分，凯迪互联网社区出现署名为"李晓燕"的文章，声称安信木地板甲醛超过国家标准，万科采购系统的员工与安信有不正当行为，使不合格地板流入了万科的多个楼盘。随后这个帖子在未经核实的情况下被许多媒体转载，一时令人哗然。即使反映的内容不实，但对万科而言也极有可能是自2008年"捐款门事件"后面临的一起最严重的舆论危机。而这一天，不知是否是巧合，去了美国游学的王石刚好在纽约飞回北京的航班上。

帖子出现一小时后，万科总裁办公室立即获得信息。

万科应急小组马上召开紧急会议。会议决定立刻对外作出回应：一、万科对网上质疑高度重视，已启动紧急调查程序，并要求安信作出全面说明；二、在确认调查结果前，暂停采购安信地板；三、对已采购但未安装的安信地板，全部封存；四、对已安装的安信地板进行复检，并邀请质检机构协助检测；五、对采购管理工作进行内部调查。最后还说明如果调查发现产品质量确实存在问题，万科将严格承担应尽的责任和义务，并充分维护客户的合法权益。

几天后，举报人这个姓名被证实根本不存在。

随着调查的逐步深入，越来越多证据显示被举报的内容不实，而最终的结果要等全部检验报告出来后，才能令真相水落石出。

与一些公司在出现负面新闻后采取掩盖的方式来处理问题不同，王石认为安信地板事件发展到这一地步，对安信、万科、房地产行业的伤害已经形成。如果采取保守的方法去应对这次事件，固然能度过危机，却无法消除对行业的伤害。于是，他认为要主动出击，化被动为主动，召开新闻发布会，澄清事实，高调应对。随后，王石在新浪微博上表态："一旦发现产品问题，万科将承担全部责任，维护消费者权益。"即使是1%的差错，但对消费者就是100%的损失！

最后，所有的检测报告都出来了，结果显示：甲醛释放量低于国家标准。

万科对这一次危机事件的处理表现，展现出的是一间优秀企业的风范，王石表现出的则是一名优秀企业家的素质。

以上案例中，创维的危机来自于企业内部，万达的危机来自于外部影响，万科的毒地板事件危机来自于外部的市场，这些危机无一不是在考验企业家的应变能力。

悟性是一个人对事物理解、分析、感悟、觉悟的能力。悟性是一种超常的直觉，人人皆有，但每个人的悟性是不一样的，有高低之分。一个悟性好的人在理解一件事物或某种抽象东西时的速度快，而快的前提取决于这个人拥有足够多的知识和经验，并且必须具备触类旁通的思维方式。乔致庸从经商中悟出想要"货通天下"，就必须通过"汇通天下"来实现。正因为有了这一经营思路的指导，才使乔家的"大德通"和"大德恒"票号遍布全国。到清末时，乔氏家族的票号和店铺在全国有200多处。乔致庸成为一代著名的晋商巨贾。洞察力较强的领导者，常常能敏锐地发现别人尚未意识到的问题，能迅速而又准确地找到问题的本质，这有利于问题的解决。企业家需具有通过观察事物或问题的表象看到其本质的深邃洞察能力。要准确、及时地洞察企业内外部环境的变化，洞悉大趋势，企业家才能更好地掌控企业的发展方向。对企业内部，企业家要善于洞察已发生的问题和敏感可能会发生的情况与其他方面的人、事、制度等有什么关联性，然后找出系统解决问题的方法，而不是"头痛医头，脚痛医脚"。中国的政治和经济社会模式要求企业家在洞察外部环境变化时，除了要把握市场的发展动向之外，还要特别敏感政府颁布的各项政策措施和政治动向对企业发展和自身的影响。优秀的领导者应具有对环境的敏感性，随时关注冲突发生的可能，洞察其内在及潜在原因，预测可能发生的结果，控制和减少不良冲突的产生、激化，解决冲突所暴露的问题。

学习能力就是指通过观察、参与体验、学习新知识和技能，从而改变和丰富已有的知识结构的能力。一个人的知识结构会影响其思考能力、判断能力，还有思维方式，即看待事物的角度、方式和方法。这些对人们的言行起决定性作用。学习能力是一个人所有能力的基础。知识是随着社会的不断发展而积累形成的，因此，知识具有时间性和不断更新替代的特征，所以有过时的时候，但"开卷有益"在任何时候都不会过时，人只有不断学习，才能与时俱进而不被社会淘汰。由于企业家是企业掌舵人，其负责的工作范围涉及整个企业的运作系统，而企业的整个运作系统包括从产品研发、销售、生产、仓储物流、财务、人力资源和行政事务等职能。这些职能所涉及的知识和技能面广，而且知识和技能的界面跨度大。如果企业家对这些知识和技能掌握得越丰富，对企业家经营管理企业的帮助也就越大。但事实上，许多企业家原来主要从事销售或者是生产技术方面的工作，他们只是拥有销售或者生产技术方面的知识和技能，而且通常只是部门负责人，有些企业家的学历并不高。在这种情况下，当企业家领导一家企业时就往往会缺乏相关的知识、技能和经验，从而会影响到企业家的管理成效和企业业绩。学习能力是企业家一切能力提升的基础，只有通过学习，丰富自己的知识结构，才能更清楚地知道应该做什么，才能有效地提升各项能力。

改革开放后第一代企业家在创业时的平均学历并不高，但这并不妨碍他们所领导的企业后来成为了行业的翘楚，原因是他们一直保持学习的心态，一直没有停止过学习的步伐。学习所得的知识帮助他们不断提升综合能力，连锁反应的作用就是提升了企业的竞争力，其中有两个杰出的代表，分别是万向集团的鲁冠球和海尔的张瑞敏。鲁冠球虽然只有初中文化，却将一个生产农业机械的小作坊发展成为一家全球知名的汽车配件集团公司，书写了一个农民传奇的成长故事。这与他与时俱进、持之以恒、刻苦谦卑的学习态度分不开。他几十年如一日孜孜不倦地学习，随着文化水平的提升，还发表了60多篇论文，被誉为"农民理论家"。他不仅获得了高级经济师和高级政工师的职称，还被香港理工大学授予了荣誉博士。张瑞敏在管理模式上的创新赢得了国内外管理界的赞誉，如 OEC 管理模式、"市场链"管理、"海尔文化激活休克鱼"、"人单合一"双赢模式。这些管理模式的创新成就，使张瑞敏获得了国内外在管理领域的杰出奖项。张瑞敏先后应邀到哈佛商学院、西班牙 IESE 商学院、瑞士 IMD 商学院等国际知名学院演讲。张瑞敏能从实际回归到理论，并取得如此成就，在当代中国企业家当中，可谓凤毛麟角。

无论是鲁冠球还是张瑞敏，他们无惧于自己当初的文化水平，边干边学，从实践中不断总结理论，最终不仅使自己得到了升华，而且也使企业受益，成为了企业家中的时代佼佼者。他们都是令人肃然起敬的一代企业家。他们不仅仅是值得学习的榜样，而且是当代中国企业家的骄傲。

虽然学无止境，但对知识的学习也要有的放矢，要将需要学习的知识分主次和先后，根据自己的工作对知识、信息的需求情况来制定自己的学习计划，选择相关必要的课程，而不是囫囵吞枣。有些知识只需要了解就行了，而不需要精通。因为企业家还要考虑自己的时间和精力。

学习能力就是要求个人不仅要学习宽泛博学的知识，还要学会学习的方法，树立终身学习的理念，与时俱进。学习的方式有阅读书本；参加有学位的课程或相关培训课程；参观企业、交流学习别人的经验；通过互联网获取知识与信息；"三人行，必有我师"，虚心与学识渊博、经验丰富或某方面比自己强的人交流沟通，取长补短；定期外出考察市场，直观获取市场变化信息。企业家学习的最终目的就是通过学习将知识、经验和内外部环境的信息与自己和企业的实际情况结合，通过融会贯通和感悟，转化成为提升自己各项能力和企业竞争力的动力源泉。

个人或组织的竞争力水平高低通常取决于学习能力。创新是提升企业的核心要素，然而，创新来源于知识，最终知识来自于人。因此，企业要建立自己的学习型组织，才能提升企业的竞争力。正如彼得·德鲁克所说："真正持久的优势就是怎样去学习，就是怎样使得自己的企业能够学习得比对手更快。"所以，企业家应该以最快速度、在最短时间内把学习到的新知识、新信息用于企业的变革与创新，以不断满足企业的发展需要。

情商（EQ）是指人在情绪、意志、耐受挫折等方面的品质，由自我意识、自我管理、自我激励、敏感别人情绪和处理人际关系构成。情商主要反映一个人感受、理解、运用、表达、控制和调节自己情感的能力，以及处理自己与他人之间的情感关系的能力。情商高的人表现出谦虚、自信和积极乐观的人生态度，拥有较强的自我意识，能清醒地把握自己的情绪并进行自我调节，能够敏锐感受别人情绪的变化和换位思考，站在别人的角度想问题，拥有良好的人际关系，而且心理承受能力强，面对困难而不气馁。情商反映社会人的社会生存能力。EQ 会影响 IQ 的发挥。被誉为"情商之父"的美国哈佛大学心理学博士丹尼尔·戈尔曼通过科学论证得出结论，IQ 最重要的传统观念是不准确的，EQ 才是人类最重要的生存能力；人生的成就至多 20% 可归诸于 IQ，另外 80% 则要受其他因素（尤其是 EQ）的影响。情商是决定人生成功与否的关键。

情商是最根本的领导力。情商越来越多地被应用在企业管理学上。对于组织领导者而言，情商是领导力的重要构成部分。领导人都具备影响别人情绪的最大力量，而只有最杰出的领导人，才能体会到情绪在工作场合中扮演的重要角色，不仅可以达到提升企业成果、留任人才等有形的收获，还有许多重要的无形收获，如提高士气、冲劲及责任感。

由于企业家是一家企业的"一家之主"，所以肩负的责任重大，压力也大，既要应对外部复杂的社会关系，也要妥善处理好企业内部的员工关系。可见情商对于企业家的重要性不言而喻。由于中国历来是一个重人情关系的社会，所以"关系"的观念早已渗透到社会的方方面面。企业家在社会上应该是一个高情商的群体，所以在处理人际关系方面，自然能游刃有余，而长袖善舞者比比皆是。自我激励是企业家创业的基本动因。中国企业家更应关注情商在自我意识和自我管理方面的修炼。

自我意识是一个人对自己的认识和评价。"我是谁"这个问题虽然简单，但并不代表每个人都能正确回答。人们往往习惯去评价，甚至指责别人，却缺乏自我反省。只有正确的自我认知和客观的自我评价，才能知道自己的长处和不足，才能令自己扬长避短并针对不足之处进行自我提升与完善，才能清楚如何处理自己与他人的关系和自己在组织中应该扮演的角色及所能起到的作用。如果一个人不能正确认识自己，看不到自己的优点，就容易产生自卑心理，缺乏自信。相反，如果高估自己，则容易刚愎自用，骄傲自大。"知人者智，自知者明"，自我认知不能仅仅来自于自己的认识和评价，还要综合别人的评价，才能客观、全面地评价。只有清楚、正确地认识自己，才能更好地把握自己的命运。

2018年1月23日晚，王石67岁生日这天现身"回归未来"2017～2018年跨年之夜，活动在水立方举行，长达3个多小时，堪称王石的演讲"专场"。他提出"认识自己是人生最困难的课题"。如何正视自己的弱点，很多人没有从这个角度想，都想的是"我怎么强，如果不好是别人的原因"，要从自己身上找原因，要善于发现自己的弱点和别人的优点。

企业在不同的发展阶段，对企业家所扮演的角色和素质能力要求也是有所不同的。有些企业家在自我认知这方面的能力欠缺，既没有这方面的意识，也没有对自己进行正确的自我评价，未能根据自己的不足及时做好相应准备，所以在企业发展速度越快、规模越大的时候，出现的问题也越多。最后他们感觉到力不从心。

不同的职位，需要不同的能力。一个能统率千军万马的将军并不一定同时是一位百发百中的神枪手，甚至可能连一位普通战士的枪法都比不上。有的企业家既是董事长，又是总裁或总经理。但事实上，有的企业家只适合当董事长，因为能力水平不适合当总裁或总经理。企业家处于组织的金字塔顶尖，如果自己定位错误，坐了不该坐的位置，导致角色错乱，对企业的危害是难以估量的。

企业家需要在正确认知自己的知识结构、能力、品德、行为等方面，对缺乏或不足的部分进行完善或提升。

正确认识自己的能力，在企业的不同发展阶段，清楚自己担任什么职位最合适，而不错位。即使企业家有能力、时间和精力胜任一些工作，但并不代表企业家就一定非要自己去做，有时候让他人去承担，效果会更好。这样既给别人锻炼的机会，也让其觉得被尊重和信任，增强了自信心和企业的凝聚力。企业家可以做更重要的事情，实现共赢，如王石。万科自1991年在深圳证券交易所正式挂牌上市交易后，王石历任公司董事长兼总经理，在1999年2月辞去总经理职务，只担任董事长。

自我管理是情商的另外一个重要方面。自我管理是指一个人对自己的思想、心理、行为和目标等进行管理。当人具备了一定的自我意识和能力后，自我管理就产生了，只不过由于每个人的自我管理意识和能力存在差异而容易被人忽视。一个人的成功可能有许多方面的因素，但自我管理是不可缺少的一部分。因为这是成功的基础。

企业家从创业开始就管理公司，久而久之，在意识和行为上习惯了管理别人，却对管理自己的意识淡薄，甚至没有。一个优秀的企业家不但具有管理好员工的能力，而且具有出色的自我管理能力。企业家能把自己管理好，也有助于管理他人。企业家需要管理自己的思想、情绪、时间、目标、工作计划和行为等。企业家管理不好情绪，就会影响决策、工作效率，将坏情绪传递给了员工，员工同样会再传递给他人，会造成更大的负面影响。工作没有计划性，不仅会影响自己的工作效率，同样会影响公司的工作效率。老板的行为不端正，没有起到以身作则的作用，其影响力就会打折扣。

我们看一下另一位成功企业家是如何自我管理的。鲁冠球对自我管理很严格，再忙也要每天抽出一两个小时读书、做笔记。他长期保持的工作习惯是：5点10分起床，6点50分到公司，18点45分下班回家、吃饭，19点开始看新闻联播、焦点访谈，20点处理白天没忙完的文件，21点开始看书看报，22点30分有点困了，冲个澡然后继续学习，零点准时睡觉。

5. 企业家领导力模型要素之健康商数解读

健康商数（简称健商，英文简称 HQ）是指一个人已具备和应具备的健康意识、健康知识和健康能力，就是要有维护自身健康而预先必须注意的保健知识和理念，还有维护身体健康的行动能力，包括坚持锻炼。一个企业家的成功是由多方面因素促成的，从个人方面来看，除了机遇、敬业精神和水平能力等因素外，拥有健康的体魄也是至关重要的。企业家如果身体健康、精力充沛、头脑清醒和思维敏捷，才能保障日常工作的时间，还能提高决策的正确性和工作效率。众所周知，一个人身体健康的前提条件是饮食有节、起居有常、身心健康和坚持运动。由于体制、法律法规、文化背景等原因，西方的企业家因工作导致健康方面的问题相对会比中国企业家少。相比之下，中国企业家经常处于奔波劳碌、心理压力大、饮食和作息缺乏规律性的状态，导致身体透支。这种状况日积月累的结果就是身心疲惫而诱发病症，出现的病症常见的有神经衰弱、高血压、冠心病、痛风、糖尿病和脂肪肝等疾病。过度的劳累只会使这些疾病变得日益严重。当对生命的透支超过极限时，便会发生猝死。

中国企业家普遍面临着工作压力大的情况。工作压力大自然会加重心理负担，心理不健康就会导致抑郁症的产生，而被列为自杀首位原因的就是抑郁症。媒体报道企业家猝死或自杀的个案时有发生。西方传承学者认为，最后破坏企业延续的，往往是企业的创始人。企业家出现的猝死、自杀、他杀、死于意外、入狱、跑路等情况，都会直接影响企业的命运。虽然企业家健康不能代表企业一定会健康，但是企业家不健康就一定会影响企业的健康发展。例如，苹果公司创始人史蒂夫·乔布斯当初传出得癌症的消息后，曾导致苹果股价一度下跌，而且给整个产业蒙上了阴影。美国当地时间 2011 年 10 月 5

日因乔布斯去世，苹果公司股票临时停牌，以免股价出现大幅度波动。第二天美国股市开盘后，苹果公司股价在经历开盘微跌 0.2% 之后，随即走出小幅上涨的趋势。苹果公司的竞争对手三星、LG 电子售价大涨。可见乔布斯的健康问题不仅影响到公司的业绩，而且还影响到行业。这就要警醒企业家不能忽视健康问题，为了自己、家庭和事业，避免悲剧发生。

财富与成功没有穷尽，而生命却有终止。一个人的健康、事业、家庭和生活是相互作用的，能在它们之间寻找到平衡点才是真正的成功者。因此，企业家要注意劳逸结合，养成健康的饮食习惯，坚持锻炼。

参考文献

［1］张维迎，盛斌．企业家［M］．上海：上海人民出版社，2014.

［2］王石．大道当然［M］．北京：中信出版社，2014.

［3］奚洁人，郑金洲，于洪生．中国领导学研究20年［M］．上海：华东师范大学出版社，2007.

［4］丁栋虹．企业家精神——全球价值的道商解析［M］．上海：复旦大学出版社，2015.

［5］［美］戴维·兰德斯，乔尔·莫克，威廉·鲍莫尔.历史上的企业家精神：从古代美索不达米亚到现代［M］．姜井勇译．北京：中信出版社，2016.

［6］［美］威廉·鲍莫尔．企业家精神［M］．孙智君译．武汉：武汉大学出版社，2010.

［7］杨思卓．六维领导力［M］．北京：北京大学出版社，2008.

［8］樊景立，郑伯埙．华人组织的家长式领导——一项文化观点的分析［J］．本土心理学研究，2000（13）.

［9］Bolden R. , Gosling J. , Marturano A. , Dennison P. A Review of Leadership Theory and Competency Frameworks ［R］. United Kingdom：Centre for Leadership Studies University of Exeter, 2003.

[10] Dulewicz V. , Higgs M. J. Leadership at the Top: The Need for Emotional Intelligence in Organizations [J]. International Journal of Organizational Analysis, 2003, 11 (3).

[11] Gallo F. T. Business Leadership in China: How to Blend Best Western Practices with Chinese Wisdom [M]. Singapore: Saik Wah Press Pre. Ltd. , 2008.

[12] Hejazi S. A. M. , Maleki M. M. , Naeiji M. J. Designing as Cale Formeasuring Entrepreneurial Leadership in SMEs, International Conference on Economic Marking and Management [M]. Singapore: LACSIT Press, 2012.

[13] Kouzes J. M. , Posner B. Z. The Leadership Challenge [M]. San Francisco: John Wiley & Sons, Inc. , 2007.

[14] Müller R. , Turner J. R. Project-oriented Leadership [M]. England: Gower Publishing Limited, 2010.

后　记

暮春三月，草长莺飞。这是一个充满生命力的季节！

正值春暖花开之时，历经 3 年的《企业家领导力》一书终于完稿了！这也是对自己过往为此深居简出伏案耕作的最大安慰。

本书的写作过程，同时也是一个学习的过程，一个发现未知的过程，一个丰富知识与自我超越的过程。本书的内容跨越了中国 3000 多年的商业史，提供了一个通古知今的学习机会。本人虽然有能力完成两篇英文的博士论文，但对于写一本栩栩如生、通俗易懂的中文版书籍，确实又是一次考验。因为两者的写作方式有差异，所以这也是一个提高中文专业写作能力的机会。

无论是论文还是书的创作，都是在开始的时候就带着问题去查找答案，结果是在查阅资料的过程中又发现新的问题，如此反复循环，所以到了最后，即使是论文或书完成了，但并不代表就没有了问题，或者是所有发现的问题都一定找到了答案。所以《企业家领导力》一书也不能解决所有问题，也存在着局限性，难以满足读者的所有需求。无论如何，作为未来进一步研究的课题，可以考虑将企业家领导力三角模型在实践中再进行验证。

2018 年是中国改革开放 40 周年，本人有幸成为改革开放 40 年的见证者、参与者和研究者，见证了 40 年来中国经济的腾飞，见证了中国企业家在

40 年间所走过的崎岖之路；自己有幸跻身于波澜壮阔的 40 年改革的滚滚洪流之中，虽然只是沧海一粟，但也是一位参与者；作为研究者，以微薄之力贡献此书，纪念华夏几千年商业文明史上璀璨的一刻。同时深感适逢遇上了一个伟大的时代，有幸撸起袖子一起踏上了中华民族伟大复兴之路。值此也向为经济和社会进步做出贡献的企业家们致敬！

书中所引用的资料主要来自于公开资料，若未注明出处或存有异议，请联系我们，并值此表示衷心的歉意和感谢！

该书在创作过程中难免存有不足之处，敬请见谅并请斧正！

值此也衷心感谢所有为此书做出贡献的热心人士和家人的支持！感谢合作伙伴佛山市业臻设备有限公司、广州市佳达集团有限公司、广州市绿叶居食品有限公司以及梁国添先生的鼎力支持！感谢经济管理出版社对此书稿的青睐！

《企业家领导力》一书虽已完稿，但在求知的路上，每一个终点，同时也是另一个新的起点，周而复始。以终为始，以知促行，以行为知，知行合一，臻于至善！

"路漫漫其修远兮，吾将上下而求索。"

谭智颖
2018 年春